KARIN RICK / DIANA VOIGT (HRSG.)

Mit Würde und Feuer

Über Frauenfreundschaften

Übersetzungen aus dem Englischen und Französischen
von Karin Rick, aus dem Italienischen
von Sabine Höhenwarter

Wiener Frauenverlag

Gedruckt mit Förderung durch das BMUK.

Deutsche Bibliothek – CIP-Einheitsaufnahme
Mit Würde und Feuer: Über Frauenfreundschaften;
Erzählungen/Karin Rick; Diana Voigt (Hrsg.). Mit Texten von: Nicole Brossard ... – Wien: Wiener Frauenverl., 1993
ISBN 3-900399-85-9
NE: Brossard, Nicole; Rick, Karin (Hrsg.)

Lektorat und Buchgestaltung: Diana Voigt
Umschlaggestaltung und Graphiken: Barbara Holub unter Verwendung des Gemäldes *Zwei Schwestern* von Otto Müller (1919)
Satz: TextDesign, Klagenfurt/Celovec; technische Beratung: Peter Wieser
Druck: T&S, Budapest; technische Beratung: Dipl. Ing. R. Száday

A-1080 Wien, Lange Gasse 51

ISBN 3-900399-85-9

Inhalt

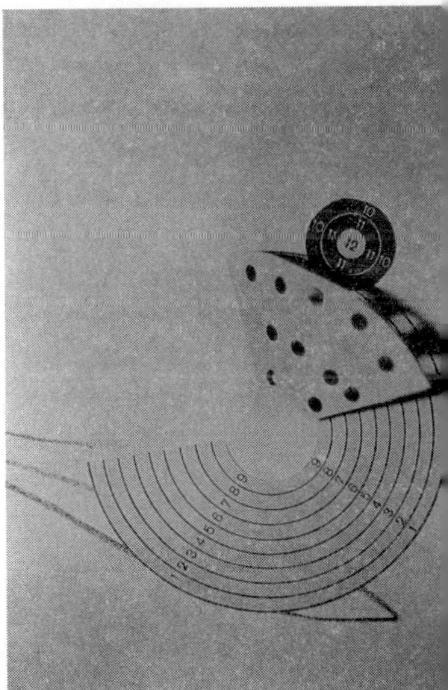

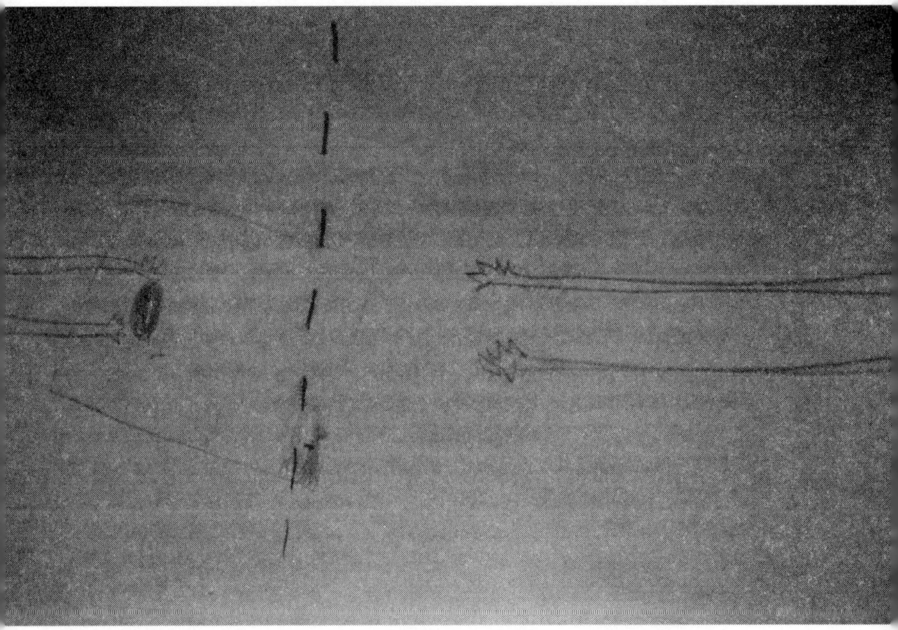

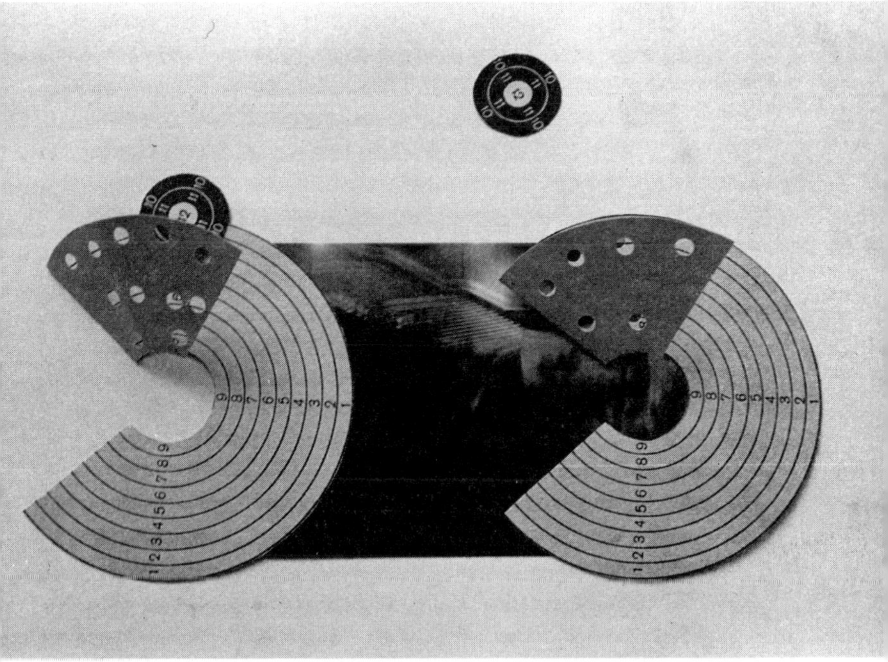

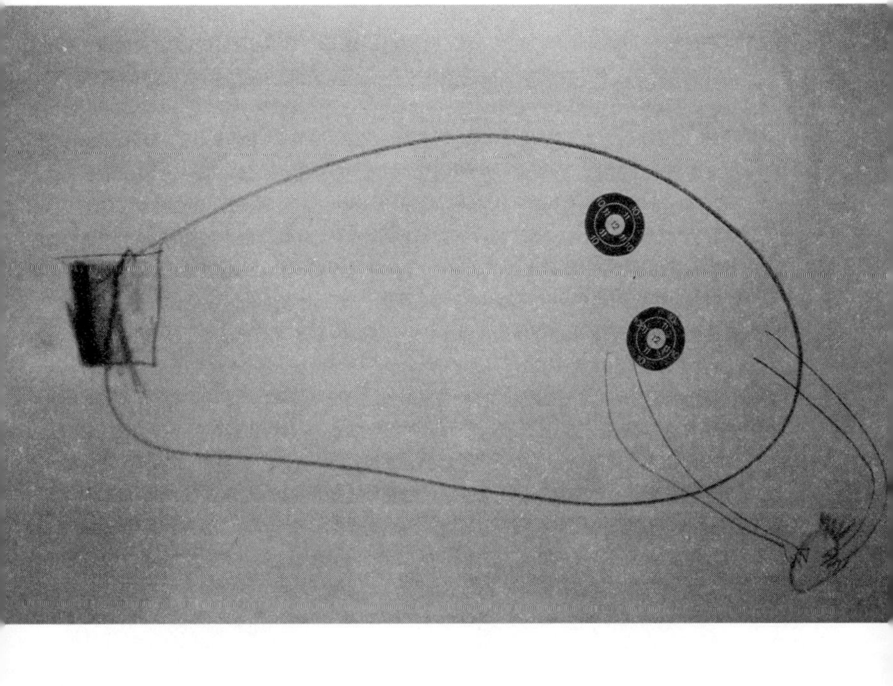

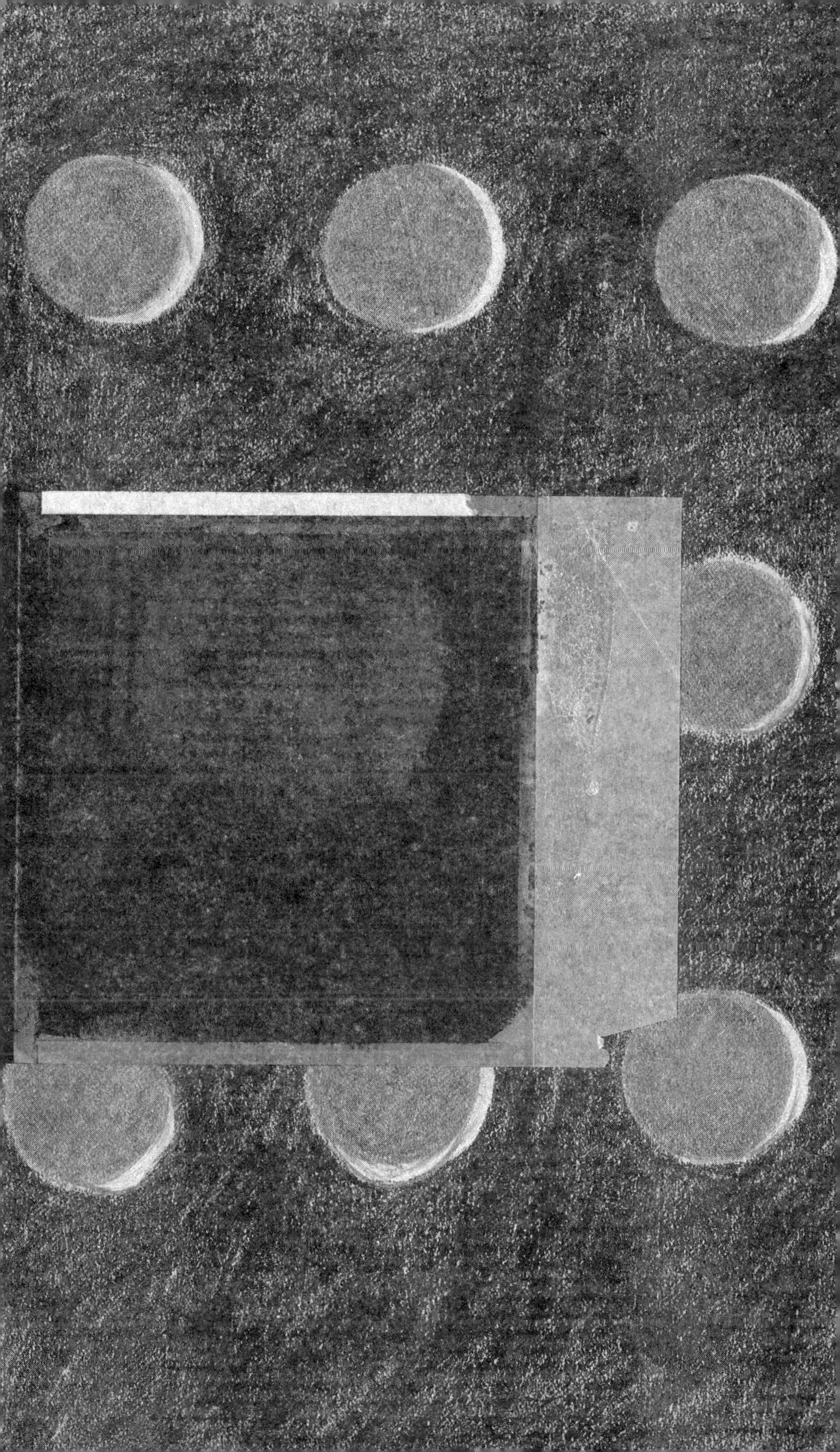

Ich will mit Würde, und das heißt, mit Feuer, über das sprechen, was ich die edle Zeit einer Leidenschaft zwischen Frauen nenne.

(Colette)

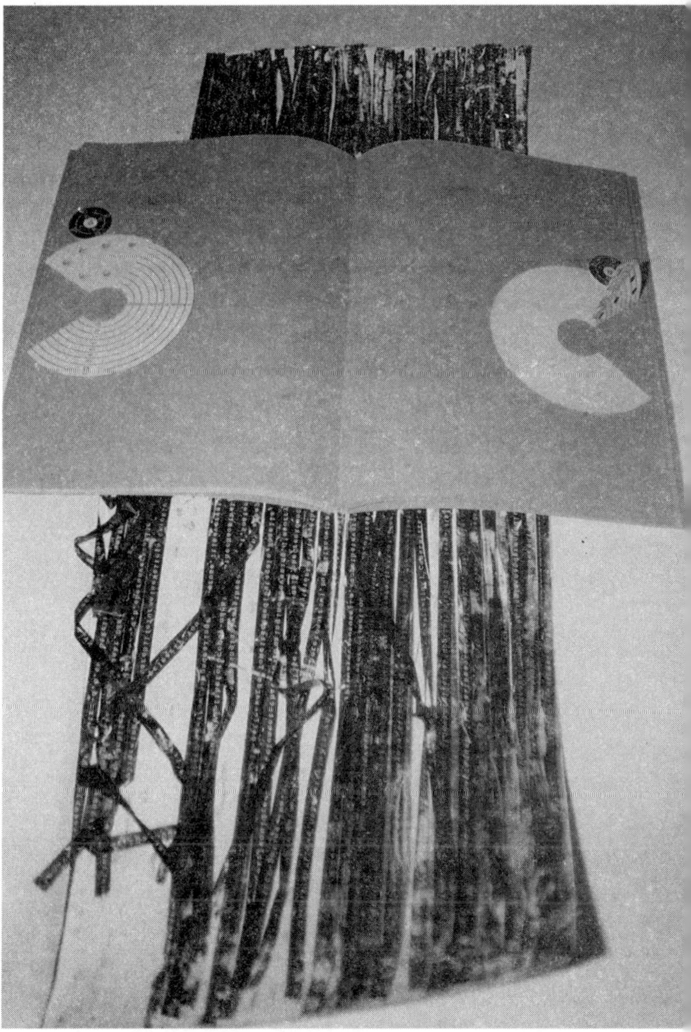

DACIA MARAINI

Fünf Süßwasserfrauen

Sie waren fünf, und sie hatten aneinander eine Ähnlichkeit wie unter Süßwasserfischen entdeckt, obwohl sie sich durch Beruf, Alter und Erfahrungen unterschieden. Sie trafen sich einmal in der Woche, mittwochs.

Da war Rosaria mit einer Brille wie aus zwei Flaschenböden, ein großer Mund, lächelnd. Sie litt an Anämie; sie war bleich wie eine Lilie. Je blasser sie wurde, desto röter, blutfarbener wurde ihr Haar. Da war Mara, seit kurzem mit einem jungen Rechtsanwalt verheiratet. Von kleiner Statur, schön, die Hände mollig, immer in Bewegung. Da war Lucia, die unverständliche Erzählungen über Mäuse schrieb und mit einem Mann lebte, der zwanzig Jahre älter war als sie. Da war Tina, die Tänzerin, mit dem mageren Körper eines Jungen. Da war Viola mit langen gebräunten Beinen, seit vielen Jahren Lehrerin in einer Schule am Rande der Stadt.

Fünf Frauen, sie tranken Bier und aßen kalte *pizze*, saßen gegenüber einer marmorgelockten Kirchenkuppel an einem weißlackierten Tisch, im Haus einer von ihnen.

War es 1977 oder 1978? Schwierig, sich genau daran zu erinnern. Es war ein Jahr, in dem sie alle mit vollen Händen neue Samen auf das verdörrte Land des Dorfes warfen. Sie waren sicher, daß sie gedeihen und Wurzeln fassen und kräftige Halme daraus hervorbrechen würden, um sich dann in Obstbäume zu verwandeln. Statt dessen trocknete die Erde aus, und die Hälfte der Samen war abgestorben, die andere von den Vögeln gefressen worden. Nur wenige waren gekeimt. Und anstelle eines Waldes, wie man es sich vorgestellt hatte, waren nur kümmerliche Grasbüschel und Pflänzchen zu sehen, die nicht immer dem Wind standhielten, der vom Meer kam.

Schwierig zu sagen, wer begonnen hatte, von Kinderkörpern zu sprechen, unwissend und weich, Quell der Gier für Schlund und Schoß der Erwachsenen. Ein Kinderkörper, der sich einzigartig und schuldig glaubt. Wer weiß, weshalb schuldig. Aber ja, schuldig, so sehr, daß alles Leid aus jedem Mißbrauch geheimgehalten wird.

Vielleicht ist es Viola gewesen, die furchtloseste und entschlossenste, mit ihrem Wimpernflattern, leidenschaftliche und gestrenge Richterin unserer Fehler. Ja, vielleicht ist es wirklich sie gewesen, um von einem sehr zärtlichen Onkel zu erzählen, dessen Hand sich eines Tages unter den Rock der Nichte schlängelte. Ohne Brutalität; zitternd und drängend.

Gleich darauf hatte Rosaria eine Erinnerung hervorgezogen, die sie so gut begraben hatte, daß sie sich für immer von ihr befreit glaubte. Aber sie war da, ein pechbeschmierter Haufen, verlassen auf dem Grund einer klaren und besänftigten Erinnerung: „Eines Morgens war ich allein zu Hause, es klingelte an der Tür; ich gehe öffnen. Vor der Tür steht Mario, ein Freund meines Vaters. Freund ist zuwenig gesagt, sie hatten in ihrer Jugend gemeinsam Eidechsen gejagt, sie waren im gleichen Regiment gewesen, sie hatten das Brot und das Zimmer geteilt; sie hatten im Alter von zwanzig Jahren zwei Freundinnen geheiratet, die unzertrennlich waren, und als Ehepaare gingen sie gemeinsam aus, sie fuhren gemeinsam in die Ferien, sie machten gemeinsame Pläne. Also sagte ich, ‚komm rein, Mario, Papa ist nicht da, aber er kommt bald zurück.‘ Er kommt herein, er sieht fröhlich aus, vielleicht ein bißchen zu unbefangen, fast als ob er eine Rolle spielen würde, die ihn verpflichtet, aber nicht überzeugt. Er steuert auf die Küche zu. Er öffnet den Kühlschrank, nimmt die Weinflasche, schenkt sich ein Glas ein. Er pfeift vor sich hin, schaltet das Radio ein. Ich sage, ‚also, ich gehe wieder lernen, du kannst ruhig auf ihn warten, ciao.‘ Und ich gehe in mein Zimmer. Nach einiger Zeit kommt er zu mir. Er sagt, ‚zeig mal her.‘ Ich sage, ‚es ist eine Aufgabe aus Algebra.‘ Er sagt, ‚zeig mal her.‘ Unterdessen beugt er sich hinunter, bis mir ein starker Geruch von Schweiß, Wein und Anis in die Nase steigt. Einen Augenblick später fühle ich mich vom Stuhl gezerrt und spüre, wie ich auf den Teppich falle, mit ihm auf mir. Ich trete um mich, aber er drückt mich mit dem Gewicht eines erwachsenen, gut genährten Mannes nieder. Ich war wohl ungefähr acht Jahre alt. Eine Hand auf dem Mund und eine auf dem Hals ... ich wand mich, weinte, es war gar nicht leicht, mich festzuhalten. Ich fühlte seinen Atem heftiger werden, keuchend. Ich habe gedacht: Jetzt bringt er mich um, verstehst du, ich dachte nicht an die Gewalt seines Gliedes, ich wußte nicht einmal, was er von mir wollte ... ich dachte, er wolle mich umbringen, so wie es der Wolf mit Rotkäppchen getan hatte, ich dachte, daß er mich mit all meinen Kleidern und dem Korb auf dem Arm auffressen würde. Und wenn er mich auffraß, dann war die Schuld allein meine; alle wußten, daß die *mamma* dem Mädchen gesagt hatte, niemandem zu trauen, die Hauptstraße nicht zu verlassen, nicht in den Wald zu laufen, um Erdbeeren zu suchen, nicht mit Fremden zu sprechen ... Und auch wenn Mario kein Fremder war und ich keine Erdbeeren gepflückt hatte, fühlte ich mich schuldig, denn die Schuld war hinter mir wie ein sehr langer Schatten, der sich in der Vergangenheit vergrößerte und so viele Körper von Frauen, kleinen und großen Mädchen in sich barg ... Es war die Schuld, auf eine seltsame Weise beschaffen zu sein, mit einer dunklen und schmachvollen Zone in der Mitte des Körpers.

Mario ist es jedenfalls nicht gelungen, mich zu vergewaltigen, denn er hat ein Geräusch an der Türe gehört und mich in Ruhe gelassen. Er ist ruhig die Treppen hinuntergegangen und hat sich meinem Vater gegenüber wie immer verhalten, mit freundschaftlicher Fröhlichkeit."

„Hast du später mit ihm darüber gesprochen?"

„Ich habe nicht den Mut dazu gehabt."

Und jede von ihnen wußte, daß es genau auf diese Art und Weise geschieht. Der Mund des Mädchens bleibt verschlossen, die Zunge klebt am Gaumen, aus einer Scham heraus, die sie im Hals erfaßt, eine starrköpfige Angst, eine Unfähigkeit zu sprechen, zu enthüllen, was ihr kleines weibliches Schicksal zu entstellen scheint.

Nur eine der fünf hatte bei einer ähnlichen Begebenheit alles der Mutter erzählt und dafür noch eine Ohrfeige erhalten. Wie kannst du es wagen, deinen Stiefvater zu beleidigen? Wie kannst du so schmutzige Sachen von jemandem denken, der dich liebt, der für dich sorgt und der dich beschützt?

Die Mütter, entdeckten die fünf Frauen, während sie ihre Kindheitserfahrungen austauschten, waren viel zu oft barmherzige Engel der Liebe gewesen. Mit ihren schweren Flügeln hatten sie die Ausschweifungen der Väter, der Ehemänner, der Brüder, der Söhne bedeckt, so als ob sie unvermeidlich und schicksalhaft wären. Denn dieselben Väter und Ehemänner und Brüder und Söhne waren die großartigsten Liebhaber der Welt. So schien es jedenfalls jenen Müttern, die die dunklen und schnellen Umarmungen der Nacht mit leidenschaftlicher Liebe verwechselten. Und wenn etwas Trübes geschehen war, war es sicher von diesen kleinen „Kanaillen", die zu allem fähig waren, provoziert worden. Diese Mädchen, schon kokett mit sechs Jahren, schon Rivalinnen mit elf, schon geschickte Verführerinnen mit fünfzehn.

Und die Männer flüchteten sich gerne unter jene mütterlichen Flügel. So als seien sie der frische und ruhige Schatten einer Palme, die an einem schwülen Tag von leichtem, nachmittäglichem Wind geschüttelt wird.

Die fünf Frauen hatten Mühe, der Vergangenheit den Geschmack einer halbverdauten Speise zu nehmen. Dennoch sprachen sie mit Leichtigkeit. Sie waren Freundinnen, nährten eine zarte Freundschaft, die zwischen Tellern voll *pasta* und *radicchio*-Salaten entstanden war, zwischen Schwarzbrotscheiben und kleinen Schokoladekuchen. Auf den Gesimsen der Kirche hüpften die Tauben umher, und von Zeit zu Zeit zankten sie sich mit rauhen und schrillen Lauten. Sie sprachen lieber über die Gegenwart, die fünf Frauen, von der Mühe, sich einem Sohn und einem Buch zu widmen, einer Pfanne und einem Film. Mit Scharfsinn und Pedanterie wanden sie sich zwischen den unterschiedlichsten Wünschen und erwarteten Pflichten hindurch, es war zu einer Ideologie geworden, zu einer Moral. So viele Wünsche, ist das nicht ein bißchen zuviel verlangt, meine Damen?

Der Wunsch, frei, aber auch glücklich zu sein, also abhängig und geliebt; der Wunsch zu wählen, aber die Folgen einer falschen Wahl nicht zu erleiden; der Wunsch, allein zu sein, aber auch in Gesellschaft; der Wunsch, sich nicht aufzuopfern und doch die Dankbarkeit zu erhalten, die ihre Mütter und Großmütter erhalten hatten. Zu viele, wirklich zu viele Wünsche, die den Kopf gegen eine dichte, gummiartige Realität schlagen ließen, wobei sie sich nicht die Hörner abstießen, sondern einschliefen.

Mara, seit kurzem verheiratet, war paradoxerweise die Verbittertste der Ehe gegenüber. Ein boshafter Mensch hätte sagen können, daß die Triebkraft jener Mutlosigkeit pure Eifersucht war. Tatsache war, daß der junge Ehemann ihr eine Woche nach der Hochzeit treuherzig gesagt hatte, daß er sich in eine andere verliebt hätte. Und er wisse nicht, ob er bei ihr bleiben würde oder nicht. Mittlerweile hatte Mara entdeckt, daß sie schwanger war. Erst seit wenigen Wochen, aber sie war es. Was sollte sie tun?

Viola, deren Mann sie verlassen hatte, um mit einer jüngeren Frau zu leben, war fröhlicher, wenn sie von der Zukunft sprach.

„Weil du bittere Pillen geschluckt hast“, sagte Mara.

„Glaube nicht, daß ich nicht eifersüchtig gewesen bin. Aber dann habe ich verstanden, daß er recht hat, unsere Ehe war zu Ende, verbraucht, und sie war so verliebt in ihn, warum sollten sie es nicht versuchen? Sie passen gut zusammen, sagte ich mir, und ich hatte recht. Jetzt treffen wir uns alle drei und amüsieren uns prächtig."

„Das ist ja wunderbar, daß er wieder eine Junge heiraten kann, die Ungerechtigkeit ist, daß du es nicht ebenso machen kannst."

„Wer sagt, daß ich es nicht ebenso machen kann?"

„Es genügt, wenn ich mich umsehe. Alle Frauen in deinem Alter, die ich kenne, meine Mutter eingeschlossen, sind von ihren Männern wegen irgendwelcher verliebter Mädchen verlassen worden, aber es gibt nicht eine einzige, die einen verliebten Jungen geheiratet hat."

„Stell dir vor, ich muß nicht mehr sechs Hemden am Tag bügeln ... zwei von meinem Mann und die anderen von meinen Söhnen. Ich war schon sehr gut: Ich bügelte eines in drei Minuten, dann eines in zwei, dann drei in zwei. Aber natürlich habe ich bei den Ärmeln ein bißchen geschwindelt."

Auch die schöne Rosaria mit den roten Haaren und dem Lilienteint war von ihrem Mann wegen einer jüngeren Frau verlassen worden. Aber sie litt nicht mehr darunter. Oder vielleicht doch, aber aus diesem Leiden hatte sie ein Spiel mit Perlen gemacht, die sie zwischen den nervösen Fingern hin und her gleiten ließ.

„Der große Ball des Alters, siehst du", sagte Tina mit der Weisheit eines Jungen auf Stelzen, „zwei junge Menschen verlieben sich, sie umarmen sich, sie gründen einen Hausstand. Es vergehen Jahre, die Kinder sind schon groß. Sie tanzen manchmal noch zusammen Walzer. Eines Tages dreht sie sich lächelnd um und entdeckt, daß sie alleine geblieben ist. Sie streckt die Arme nach ihrem Altersgenossen aus, aber er ist hinter ein kleines Mädchen mit heißem Atem und den Augen eines Kätzchens geflüchtet. Nach langem Weinen und Verzweifeln entdeckt sie, daß es einen kleinen Jungen gibt, der sie beobachtet, sie leckt sich die Lippen, senkt den Kopf. Sie entschließt sich, eine Runde mit ihm zu drehen. Vielleicht fallen sie sogar umschlungen auf den Diwan. Aber um sich zu retten, muß es eine geheime Liebe bleiben. Denn die Welt spuckt darauf. Und er wird sich schmollend fragen: Kann es sein, daß ich einen Mutterkomplex habe? Kann es sein, daß ich kein wahrer König des Waldes bin? So wird es damit enden, daß er wiederholt, was er bei seinem Vater gesehen hat: Er wird weggehen und nach dem Fuß eines Mädchens greifen, das Tennis spielt. Was macht nun die Frau? Entweder stellt sie sich dumm, um ein Eis außerhalb der Saison genießen zu können, oder sie spielt klugerweise die Großmutter und versteckt ihre Wünsche unter Lächeln und schmerzlicher Versagung."

„Oder sie wird lernen, alleine zu tanzen. Das ist ja auch nicht ganz zu verachten", sagte Viola. Und die anderen lachten und nahmen Nüsse und Datteln vom Teller. Es waren die Weihnachtstage. Sie hatten sich wegen der Familienfeste mehr als zwanzig Tage nicht gesehen. Jede hatte mit der ihren gefeiert, die Kinder, die Bäume, die Krippen, die Abendessen. Sie hatten einander Geschenke gemacht: ein Buch, eine Brosche, ein Schal, eine Schallplatte. Sie hatten sich an diesem Abend viel zu erzählen.

Rosaria bekannte, daß sie sich nach zehn Jahren Ehe und vier Jahren der Ehelosigkeit, angefüllt mit Abenteuern, schließlich überraschenderweise in eine Frau verliebt hatte, die Schlagzeugerin in einer Musikgruppe war. Die anderen betrachteten sie mit einer Mischung aus Erstaunen, Neid und Angst. Wie hatte sie es angestellt, aus den bekannten Gewässern der familiären Gewohnheiten auszubrechen? Wie hatte sie die beschwerlichen und ungestümen Bergflüsse hinaufsteigen können? Und als sie sich vor jenem glatten Bauch wiedergefunden hatte, ähnlich dem ihren, was hatte sie empfunden? War es wie der Blick in einen Spiegel, der deinen Durst widerspiegelt, deine Wünsche, deine Ängste? Oder war es, als ob man den Pilz von Alice essen würde und sich in einer verkehrten Welt wiederfände, voll von vorher nie vernommenen Echos und überraschenden Düften?

„Es ist doch keine Sünde der Homo…nymie?“ fragte Mara naiv. Die junge Braut, wenn auch enttäuscht und traurig, glaubte mit rührender Treue an die Umarmung zweier legal vereinter Körper. „Allenfalls eine Sünde des Rückschritts“, sagte eine Stimme mit anderem Klang. Es war das Echo eines Tonfalls männlicher Weisheit. Die Stimme des Psychoanalytikers, bei dem Rosaria in Behandlung war.

„Ich habe den Eindruck, die Worte unseres so geliebten Herrn Freud zu hören“, sagte Viola und schlug ihre langen gebräunten Beine übereinander.

In ihren Gedanken war Herr Freud durch Frau de Beauvoir ersetzt worden. Und als Hofdame lugte Fräulein Irigaray mit ihren sibyllinischen Analysen hervor.

„Erinnerst du dich, wie Simone erzählte, wie sie mit Sartre mit dem Rad über die Berge der Gascogne gefahren ist, und dann ist sie hingefallen und hat sich dabei das Gesicht abgeschürft. Und er ist abgestiegen und hat gelacht, erinnerst du dich?“

Lucia, die meistens ruhig war und den Geschichten der anderen zuhörte, war nun an der Reihe im Kreis der Freundinnen. Und sie erzählte widerstrebend die Geschichte einer Katze, die Mäuse säugte, weil sie ihren Wurf verloren hatte.

„Und dein alter Maler?“ fragte eine andere.

„Er betrügt mich mit einem Mädchen, das ihm die Gemälde in Ordnung hält. Eine pausbäckige, blonde Polin.“

„Und du?“

„Ich habe sie angerufen. Ich habe sie um eine Verabredung gebeten. Wir haben uns im Park getroffen. Es ist ein sympathisches Mädchen, nett. ‚Du tust mir leid‘, sagt sie, ‚wenn du willst, sage ich ihm, daß ich eine andere Arbeit gefunden habe, ich will keiner den Ehemann wegnehmen.‘ ‚Nein‘, sage ich, ‚wenn du weggehst, verliebt er sich noch mehr, und was mache ich mit einem, der wegen einer verschwundenen Frau verzweifelt ist. Weißt du, wer verschwindet, gewinnt immer.‘“

Das Einverständnis, von dem keine so recht wußte, wie es

durch unschöne, ein bißchen schmerzliche Wahrheiten zustande gekommen war, wurde zum Teil ihres weihnachtlichen Abendessens. Die Atmosphäre war unbeschwert, eine Trunkenheit, die sie berauschte, sie zufrieden machte, zusammen zu sein, Neuigkeiten auszutauschen, Erinnerungen, umherschweifende Gedanken. Es gab auch ein Körnchen Sinnlichkeit in jenem Sich-über-Abwesende-Ereifern, während ihr Gelächter sich überlagerte. Aber das Verlangen dort am Tisch wurde ferngehalten bei den Zusammentreffen, die sie als „Bewußtwerdung" bezeichneten. Es blieb draußen vor dem Fenster, aufgehängt in einem Korb. Einer jener Körbe, die die sizilianischen Frauen von den Balkonen herunterlassen, um ein bißchen Brot, zwei Eier, einen Kopf Salat hineinlegen zu lassen. Auch in den Geschichten von 1001 Nacht, dachte Lucia, gibt es Frauen, die Tragekörbe aus den Fenstern hinablassen, und es kann geschehen, daß sie ihn schwer, mit einer süßen Last, emporziehen: dem Körper eines schlafenden Mannes in seiner ganzen geheimnisvollen Schönheit.

Und doch gab es Momente der Dumpfheit, des Unverständnisses zwischen ihnen. Lucia, so meinten sie, könne mit ihnen nie ihre Leidenschaft für Literatur teilen – jene Neigung, Personen aus Fleisch und Blut mit jenen, die sich zwischen den Papierseiten verkriechen, zu vermischen, um jenen, die sich zwischen den Tintenzeichen verstecken, einen leichten Vorzug zu geben.

Auch Viola stieß auf Hindernisse der beruflich Außenstehenden. Welche dieser so unterschiedlichen Frauen konnte eine Tänzerin verstehen, welche eine Verfasserin von Mäusegeschichten, eine Gewerkschafterin und eine Hausfrau, welche die Freuden und Leiden des Lehrberufes?

Sie waren unähnlich, sie wußten es, und trotzdem hatten sie ein Band gefunden, ein geheimnisvolles Fortschreiten. Den Rhythmus eines Gesprächs, der sich in verschüttete Erinnerungen grub, hinein in die verstorbenen Zeitabschnitte dieser persönlichen Geschichten. Es war vor allem dort, wo sie einander wiedererkannten, in jenen ersten Klümpchen von Zuneigung, der Gefühlsbewegungen, der blinden Liebe für die Mütter, die Väter, so wie es vor ihnen Tausenden von anderen Mädchen geschehen war, im Bauch der Geschichte. Dort war es, wo sie aneinander die Ähnlichkeit von Süßwasserfischen entdeckt hatten, in jenem lautlosen Nach-Luft-Schnappen, in jenem Einatmen von flüssiger, vergifteter Luft, in jenem Schwimmen mit weitgeöffneten Augen in den lauwarmen Gewässern eines gemeinsamen Traumes von Frieden.

LESLEA NEWMAN

Der Flirt

Rose Weinstein flirtete, um ihrer Monogamie ein Schnippchen zu schlagen. Im Moment flirtete sie mit dem großen, schmalhüftigen Wunder mit Bürstenhaarschnitt dort drüben am Pooltisch. Das war eine Frau für einen müßigen Sonntagmorgen. Barfuß fangen spielen, während das Sonnenlicht durch die Jalousien des Schlafzimmers flutete.

Aber Rose war verheiratet, glücklich verheiratet. Sie war ihrer Frau elf Jahre lang treu geblieben und hatte nicht die Absicht, jetzt herumzustreunen. Terri war allerdings derzeit auf Geschäftsreise und hinterließ Rose als Wochenendwitwe. Und flirten schadete niemandem. Oder?

Flirten im KV-Stil* bedeutete natürlich, daß, wann immer die Babylesbe dort in der Ecke in ihre Richtung schaute, Rose die Augen senkte, nur um eine Minute später den auf sie gerichteten Blick der anderen eine Zehntelsekunde lang aufzufangen, bevor diese dran war, wegzuschauen.

Rose überkreuzte die Beine und vergewisserte sich, daß ihr schwarzer Rock über den Oberschenkeln in respektabler Höhe blieb. Sie gab sich und ihrem Barhocker einen Schubs, nahm einen Schluck Bier, drehte sich dann wieder zum Pooltisch um. Als ob sie mit dem Finger geschnippt hätte, nahm die Frau dort sofort ihren Queue, legte ihn in Richtung Rose auf die Achterkugel an. Zack, diese verschwand zielgenau im Loch. Rose lächelte widerwillig. Glatt, sehr glatt, dachte sie und sah zu, wie die andere, offensichtlich ein Hai des Poolbillards, ihren Queue zu den anderen an die Wand stellte und von einer ihrer Freundinnen eine Zigarette pumpte. Rose

* KV = Kesser Vater, Ausdruck im Jargon der Lesben-Szene, bezeichnet eine Frau, die stark ein männliches Rollenklischee kopiert, männliche Kleidung trägt und ein „männlich-forsches“ Verhalten an den Tag legt.

kehrte ihnen den Rücken zu und trank ihr Bier aus, gab vor, ruhig zu bleiben, als die Fremde ihren perfekten Hintern, der in hautengen Jeans steckte, auf den leeren Hocker neben ihr schob.

„Hi, ich bin Bobbi."

Bobbi musterte Rose von oben bis unten, mit einer Chuzpe, die nur eine zwanzigjährige Lesbe haben kann, in ihren Augen standen Gier und Bewunderung.

„Ich hätte es mir nie verziehen, dich heute abend nicht angesprochen zu haben."

Bobbi drückte ihre Zigarette in einem silbernen Aschenbecher aus und stützte sich mit dem Ellenbogen auf die Theke.

Irren ist menschlich, vergeben ist göttlich, dachte Rose, starrte auf den Aschenbecher und spürte, wie Bobbis Augen sie auszogen. Würde Terri ihr vergeben? Oder, was noch wichtiger war, sie sich selbst?

„Einen Penny für deine Gedanken", sagte Bobbi und betrachtete Rose weiterhin mit dunklen Schlafzimmeraugen.

Rose drehte sich zu Bobbi um.

„Oh, die kosten mehr als einen Penny."

„Wie wär's mit noch einem Bier?"

Und bevor Rose sie daran hindern konnte, rief Bobbi den Barkeeper und bestellte noch zwei Bier.

„Wie heißt du?"

„Rose."

„Was uns Rose heißt, wie es auch hieße, würde lieblich duften."

Bobbi hob ihre Flasche und stieß sie an die von Rose.

„Shakespeare. Romeo und Julia."

Sie blinzelte sie an, und Rose spürte, wie ihr Magen sich zusammenzog.

„Ich schau' dir in die Augen, Kleine."

„Bogart. Casablanca."

Rose nahm einen langen Schluck und wußte, daß sich Bobbis Augen nun an ihre Kehle hefteten, als sie ihren Kopf mit der Flasche an den Lippen nach hinten bog.

„Du bist hübsch", sagte Bobbi und schaute ihr geradewegs in die Augen, als sie ihre Flasche absetzte. „Darf ich dich nächsten Samstag zum Essen ausführen?"

„Du bist ausgesprochen süß." Rose kam in Versuchung, in einer mütterlichen Geste auf Bobbis Hand zu klopfen. „Und ich bin ausgesprochen verheiratet."

„Verdammt. Bist du monogam?"

„Ziemlich."

„Faulpelz. Monogamie ist gleich Monotonie", sagte Bobbi. Rose bemerkte, daß sie außerdem ein T-Shirt mit der Aufschrift „Stille ist gleich Tod" trug. „Wenn du schon verheiratet bist, wo ist dann deine Frau?"

„Terri ist auf Geschäftsreise."

„Oh, tatsächlich?" Bobbis Augenbrauen schossen hinauf. Sie beugte sich näher zu Rose. „Nun, was für die Gans gut ist, kann dem Gänserich nur recht sein. Weißt du, was ich meine?"

„Nicht wirklich", log Rose.

„Ich meine, wenn die Katze weg ist, haben die Mäuse Kirtag."

Bobbi nahm die Hand von der Bierflasche und begann, Roses Finger zu streicheln. Bobbis Hand fühlte sich kalt und heiß zugleich an.

„Ich steh' total auf ältere Frauen."

„Selbst auf eine, die deine Mutter sein könnte?"

Rose fühlte sich auf einmal wie Mrs. Robinson.

„Nie im Leben", lachte Bobbi. „Wie alt kannst du schon sein. Zweiunddreißig, dreiunddreißig?"

Rose lachte ebenfalls, geschmeichelt, auch wenn die innere Stimme sie für dieses mangelnde politische Verhalten rügte.

„Ich bin dreiundvierzig", sagte sie, und fügte schweigend

hinzu, alt genug, um es besser zu wissen, während sie ihre Hand unter Bobbis Fingern wegzog.

Bobbis Hand streichelte eine Sekunde lang in der Luft weiter, bevor sie wieder nach der Bierflasche griff. Sie seufzte verträumt, nahm einen weiteren Schluck und grinste Rose an. Rose schüttelte leicht den Kopf. Sie mußte zugeben, daß es angenehm war, so offen ... so offensichtlich ... begehrt zu werden. Sie wurde langsam rot, von den Wangen bis zum Hals. Sie wußte, daß dies keine glühende Röte war. Bobbi schaute sie weiterhin an, leckte sich kurz die Lippen, als ob sie einen Tropfen Bier weglecken wollte, oder als ob sie ...

Rose schaute weg, um Fassung bemüht. Wann hatte Terri sie zum letzten Mal so angesehen? Nicht, daß sie sich über ihr Sexualleben beschweren konnte, aber immerhin, nach elf Jahren war einiges vorhersehbar. Und Gott allein wußte, welche Tricks dieses scharfe, junge Ding aus dem Ärmel ziehen konnte. Jung, doof und nimmt den Mund voll, würde Terri sagen. Rose schaute Bobbi wieder an. Diese lächelte vor sich hin. Soll ich wirklich meine elfjährige Ehe für einen Hormonrausch riskieren, fragte sie sich, als ein warmes, angenehmes Gefühl sich in ihrem Unterleib breitmachte. Nein, natürlich nicht. Elf Jahre. Das Gefühl in Roses Unterleib griff mit gefährlicher Geschwindigkeit um sich. Diese Hormone! Sie preßte ihre Schenkel leicht zusammen. Hör mal, du kannst nicht alles haben, versuchte sie sich in Erinnerung zu rufen. Und klang wie ihre eigene Mutter.

„Wie kommt es, daß dich deine Frau an einem Samstag abend allein läßt?“ fragte Bobbi und ihr Finger lief an Roses Ärmel entlang. „Hat die keine Angst, daß jemand kommt, dich packt und ihr vor der Nase wegschnappt?“

„Ich bin nicht allein. Ich bin mit Freundinnen da, Loretta und Cammy.“ Rose deutete auf das Tanzparkett. „Sie sind nur gerade sehr beschäftigt.“

Bobbi drehte ihren Barhocker so, daß sie auf ein Dutzend eng umschlungener Paare sehen konnte, die zu Anita Bakers

Gestöhne aus dem Lautsprecher einen Slow tanzten. „Möchtest du denn nicht auch auf diese Weise beschäftigt sein?“ fragte sie sanft und legte den Kopf leicht zur Seite. „Du ziehst mich so an.“

Rose spürte, wie es in ihrem Unterleib zu brennen anfing.

„Hör mal“, zwang sie sich zu sagen. „Du bist wahnsinnig süß. Warum findest du dir nicht eine in deinem Alter, mit der du spielen kannst? Ich bin sicher, hier sind mindestens 25 Frauen, die alles dafür geben würden, mit dir zu tanzen.“

„Du nimmst mich nicht ernst. Ich bin kein Teenager mehr.“

Bobbis Unterlippe schob sich nach vor, und Roses Herz lief Gefahr wegzuschmelzen. Bitte tu das nicht, flehte sie innerlich. Ich liebe es, wenn Lesben einen Schmollmund machen.

„Nein, du nimmst mich nicht ernst“, sagte Rose. „Ich bin verheiratet.“ Sie hob ihre Hand. „Mit Ring und so weiter.“

„Ach, das ist so patriarchal.“ Bobbi nahm Roses Hand wieder, diesmal um sich ihren Ring anzuschauen, so ließ Rose sie gewähren.

„Hast du wirklich geschworen, für den Rest deines Lebens nie mehr wieder Sex mit jemand anders zu haben?“

„Nun ja, in dieser Form haben wir es nicht ausgedrückt“, sagte Rose und versuchte vergeblich, die kleinen Schauder zu unterdrücken, die bei dem Kontakt mit Bobbis Fleisch ihr Rückgrat hinunterliefen. Wie eine Filmvorschau durchzuckte sie die Vision von ihrer Hochzeitszeremonie. Da stand sie neben Terri unter der Huppah*, auf der einen Seite ihre Mutter, schniefend, auf der anderen Terris Eltern mit steinernem Gesicht.

„Aber wie kannst du dir sicher sein?“ fragte Bobbi und zog den goldenen Reif an Roses Finger nach. „Ich meine, wenn etwas Besseres daherkommt?“

* Huppah, Baldachin, unter dem in der jüdischen Hochzeitszeremonie das Brautpaar steht.

„Das Leben ist voller versäumter Gelegenheiten“, sagte Rose und dachte, *und du, meine Liebe bist eine von ihnen.* Jetzt tätschelte sie Bobbis Hand.

„Aber“, Bobbi lehnte sich an sie und senkte ihre Stimme zu einem intimen Geflüster, das bei der Musik, dem Klicken der Poolbälle und den fünfzig oder mehr Gesprächen um sie herum kaum zu hören war. „Wird dir denn nie langweilig? Ich meine, wie kann dich eine einzige Frau so viele Jahre lang befriedigen? Vermißt du denn nicht die Aufregung des ersten Kusses?“

Bobbis Gesicht war nahe genug für einen saftigen Schmatz auf ihre Lippen. Rose zog ihre Hand ein weiteres Mal ostentativ weg. Natürlich war Sex nach elf Jahren so etwas wie Routine, aber das war ein geringer Preis für die Liebe, die sie und Terri füreinander empfanden.

„A kiss is just a kiss“, sagte Rose mit einem Lächeln, nahm ihre Bierflasche und stieß an die von Bobbi. „Noch einmal Casablanca.“

„Das sage ich auch.“ Bobbi nahm ebenfalls einen kräftigen Zug. „Was ist so Großartiges dran, jemand anderen zu küssen? Ich begreife diese Monogamie einfach nicht.“ Bobbi schüttelte den Kopf. Sie fühlte sich sichtlich herausgefordert. Jetzt begann sie mit der philosophischen Taktik.

„Ich meine, du gehst ja auch mit anderen Frauen auf einen Kaffee, stimmts? Du hast lange, intime Gespräche mit anderen Frauen. Du läßt dich von anderen Frauen massieren. Du gehst sicher sogar in die Sauna mit ihnen. Warum also kann man die Freundschaft nicht noch etwas weiter treiben? Was ist da schon dabei? JoAnn Loulan sagt, ein Orgasmus ist nur ein Muskelspasmus.“

„Du bist sehr belesen“, sagte Rose. „*Lesbischer Sex* und Shakespeare. Ich bin beeindruckt.“ Rose zog den Hals ihrer Bierflasche mit ihrer Fingerspitze nach und sagte, fast zu sich selber. „Das ist es. Ich werde Terri sagen, ich hatte bloß einen Muskelspasmus mit einer anderen Frau. Nichts dabei.“

Bobbis Gesicht erhellte sich eine Sekunde lang, bevor sie bemerkte, daß Rose nur scherzte.

„Na komm schon. Tanz mit mir."

„Okay." Rose glitt von ihrem Barhocker. Zu einem schnellen Lied zu tanzen war wohl nichts Unrechtes, oder?

Madonnas Stimme triefte durch die Lautsprecher, drängte nach Expressivität.

Bobbi nahm Roses Hand und führte sie auf die Fläche. Sie mischten sich unter die Menge und begannen, ihre Körper zu bewegen, ohne mehr Kontakt miteinander zu haben als den mit der Aura der anderen. Spürten dennoch die Hitze, die immer noch zwischen ihnen war. Rose wünschte, sie könnte diese Szene einfrieren, wie eine alte Folge der Serie „Twilight Zone". Mit Bobbi weggehen, ihr das Hirn rausficken und dann wieder in die Bar zurückkommen, die Handlung wieder aufnehmen, ohne Schaden angerichtet zu haben, ohne, daß eine einen Sieg über die andere davontrug. Aber leider Gottes war dies das Leben und nicht ein alter TV-Film.

Die Musik wechselte, ein Slow, Bobbi öffnete ihre Arme. Rose ging ihr entgegen, schüttelte den Kopf und setzte ihren Weg in Richtung Bar fort, dicht gefolgt von Bobbi. Rose setzte sich auf den Hocker, Bobbi stand dicht vor ihr, so nahe, daß Rose ihren Atem an ihrer Wange spüren konnte.

„Letzter Aufruf", flüsterte Bobbi. „Wir könnten wirklich eine hübsche Nummer hinlegen."

Rose legte ihre Hände auf Bobbis Schultern und beugte sich vor. Bobbi schloß ihre Augen, bereit für den Kuß, den Rose sanft auf ihre Wangen, anstatt auf ihre Lippen plazierte. Bobbi öffnete die Augen.

„Sorry", sagte Rose und fühlte mehr als das. „Vielleicht in meinem nächsten Leben."

Bobbi starrte Rose lange an, dann gab sie sich geschlagen. Sie nahm Roses Hand, hob sie zu den Lippen und küßte sie. „Sag Terri, daß sie eine glückliche Frau ist."

„Das werde ich tun."

„Tschüß."

Bobbi ließ Roses Hand los, winkte kurz und ging davon, mit Roses Augen auf ihren reizenden Hintern geheftet. Zu dumm, dachte sie, die Jugend ist an die Jungen vergeudet. Rose seufzte tief, erinnerte sich, daß ihr Vater vor mindestens hundert Jahren dasselbe gesagt hatte. Sie schaute auf die Uhr an der Wand, neben der ein Schild mit der Aufschrift „Nach zwei Uhr nachts ist niemand mehr häßlich" hing. Es war halb zwölf. Wenn sie jetzt ging, kam sie noch vor Mitternacht nach Hause und konnte Terri anrufen. Sie vermißte sie plötzlich sehr. In ihrem tiefsten Herzen war sie beruhigt, daß sie die richtige Wahl getroffen hatte, selbst wenn ihre Lenden nicht dieser Ansicht waren. Was soll's. Das ging vorbei. Rose fragte sich, ob sie Terri erzählen sollte, daß sie in ihrem Herzen nach einer anderen Frau gegiert hatte.

‚Mein Gott, ich bin verheiratet, ich bin nicht tot', sagte sie laut vor sich hin. Die Welt war voller schöner, sexy Frauen, und morgen nacht würde sie eine von ihnen in den Armen halten. Diese eine hatte sie ausgewählt. Und umgekehrt. Die dunklen Augen, vollen Lippen, die sanften Hände und kleinen Brüste dieser einen waren ihr so vertraut wie ihr eigenes, schmales, halb gekrümmtes Spiegelbild in der halbleeren Bierflasche vor ihr. Vertrautheit brütet Verachtung aus, würde Bobbi vermutlich sagen, aber Rose war nicht dieser Meinung. Und mit diesen Gedanken glitt sie von ihrem Barhocker herunter, um Loretta und Cammy zu suchen und ihnen zu sagen, daß es Zeit, höchste Zeit war heimzugehen.

HÉLÈNE DE MONFERRAND

Die Fluchtaffaire

Für Gaëlle

Im Juni 1940 war die ganze Familie in Puyferrand zur Hochzeit meines Bruders versammelt. Die ganze Familie? Leider nicht. Unsere entfernten Verwandten aus Ostpreußen waren nicht gekommen. Wie könnten sie auch? Die letzten Nachrichten, die wir von ihnen hatten, waren vom August 1939: ein kurzer, desillusionierter Brief meines Cousins Lothar, in dem er uns mitteilte, daß er sehr wohl verstand, daß wir, Christian und ich, in diesem Sommer nicht nach Labiau gekommen waren. Bereits im Jahr zuvor mußten wir, Christian, Anne und ich, überstürzt über Schweden heimkehren, so sehr hatten sich die Gerüchte über einen Krieg verdichtet. Eine Woche nach unserer Rückkehr war Daladier in Bayern, um über einen Aufschub zu verhandeln.

Emmanuel war der schönste Junge der Welt. Alle Frauen waren entzückt über seine schwarzen Haare, sein ernstes, abgezehrtes Gesicht, seine blauen, durchsichtigen Augen, deren Blick einen durchbohrte und die etwas zu verbergen schienen ... was, wußten wir selber nicht genau. Strenge, Leidenschaft, Leiden? Er dürfte ein lachender, quirliger Junge gewesen sein, als er sieben Jahre alt war, im Alter der Vernunft befiel ihn die Kinderlähmung ... und seitdem war er anders. Anne sagte, daß er eine phänomenale Energie dafür aufgebracht hatte, wieder gehen zu lernen. Niemand hatte daran geglaubt, nur er. Natürlich beteten alle für ihn, aber soweit ich mich erinnern kann, waren dies resignierte Gebete, die eher dazu führten, daß man sein Leiden als gegeben annahm. Emmanuel jedoch resignierte nicht. Der Wille des Herrn geschehe, sicher, aber kämpfen wir trotzdem. Emmanuel hat mich immer eingeschüchtert, daran hat sich bis heute nichts geändert. Ich bin eine alte, siebenundsechzigjährige Philosophin, aber sein stahlblauer Blick durchbohrt mich immer noch, wie damals, als ich eine Heranwachsende mit schlimmen Hintergedanken war. Er scheint mir immer noch zu sagen: „Du bist eine Sünderin, Elisabeth. Bessere dich!" Wenn ich an ihn denke, kommen mir sofort jene Verse von Apollinaire über die Lippen:

„Und der Blick, den er mir zuwarf,
ließ mich die Augen vor Scham senken."

Anne ist ein Jahr jünger als er, drei Jahre älter als ich. Sie waren einander bis zu seiner Krankheit sehr nahe und sind es vielleicht, auf diskrete Weise, auch danach geblieben. Es schien mir, als ob Emmanuel ihr alles verzeihen konnte: ihre Aufmüpfigkeit, ihre offen zur Schau getragene Gottlosigkeit, ihre Ungeniertheit. Ich versteckte meine Schandtaten, und hätte er je Kenntnis davon gehabt, hätte er gewußt, was meine Frömmigkeit und meine Besonnenheit verbargen, dann hätte er mich ... oh, ich weiß heute sehr wohl, daß er mich weiterhin geliebt hätte, aber ich sah in ihm den Engel mit dem Schwert aus meiner Bibelgeschichte, und wie alle Engel war er für mich allwissend. Ich dachte, daß er es wissen mußte und tat doch alles, damit er es nie erfuhr. Anne im Gegenteil erschreckte mich nie. Ich liebte ihre Kühnheit, ja verehrte sie sogar ein bißchen, und als ich ihr ins Internat folgte, kamen wir einander sehr viel näher, wurden Komplizinnen. Davor bildeten Christian, der nur ein Jahr älter ist als ich und der mein bester Freund, mein erster Vertrauter geworden ist, und ich eine Front.

Zwei Jahre nach meiner Geburt kam Judith zur Welt, ein Jahr später Mathieu. Diese Jahre müssen genau betrachtet werden, weil wir alle, ohne Ausnahme, Ende Juli, Anfang August geboren sind. Wenn der Glaube an die Astrologie schon keine Sünde war, dann mußte man zumindestens erstaunt darüber sein, einen solchen Wurf kleiner Löwen vor sich zu haben. Sechs in sieben Jahren. Arme Mama … Wir hatten einen kollektiven Geburtstag ohne Geschenke. Was die Feste betrifft, reden wir darüber lieber nicht, wir waren nicht bei den Baptisten. Was Wunder, daß ich, als mir eine Frau am 17. November zum ersten Mal einen Strauß Rosen schenkte, in Tränen ausbrach. Nicht erstaunlich auch, daß ich ein kleines Mädchen voller Schuldgefühle geblieben bin, das sich nach Zärtlichkeit und Geschenken verzehrt. Beides ging mir am allermeisten ab. Genau das hätte ich meinen Kindern gegeben, wenn ich welche gehabt hätte.

Im Juni 1940 war ich fast 17 Jahre alt. Ich bereitete mich auf das Abitur in Philosophie vor. Ich wußte, daß ich nicht „normal" war. Ich war bereits mehrere Male verliebt gewesen … und zwar immer, ohne eine einzige Ausnahme, in eine Frau.

Wenn dies eine Krankheit ist, dann hat sie mich, ich weiß nicht wann, heimtückisch überfallen. Wenn ich eines Tages die Grenze überschritten habe, dann ohne es zu bemerken. In meiner Kindheit war ich wie alle. Ich sprach von meiner zukünftigen Ehe, von meinen zukünftigen Kindern, von meinem, in geordneten Bahnen vorgezeichneten Schicksal. Im Gegensatz zu meiner Schwester Anne revoltierte ich nie. Anne wollte „Clara Wieck oder niemand" sein. Im Klartext Pianistin, die einen Mann heiraten würde, der ebenso genial wäre wie Robert Schumann. Er würde ihr zwei Kinder machen, im äußersten Fall drei. Sie würden gemeinsam Kammermusik spielen. Wenn sie an ihre Zukunft dachte, sang sie den Beginn des *Klavierquintetts op. 44*. Sie sagte: „Das Schlimmste, was mir passieren kann, ist, wie Mama sechs Kinder zu haben." Sie hat fünf bekommen. Von einem Mann, der, auch wenn er unzweifelhaft musikbegeistert ist, glücklicherweise nichts von einem Robert Schumann an sich hat!

Ich träumte vom Märchenprinzen und von den beiden Kindern, die er mir machen würde. Ich stellte mir die Kinder sehr gut vor, aber der Prinz hatte kein Gesicht. Sicher war er so schön wie meine drei Brüder, hatte einen bewundernswert starken Willen wie Emmanuel, war voller Humor wie Christian, engelsgleich wie der kleine Mathieu. Jetzt, wo ich mich mit Phantasmen auskenne, erkenne ich, daß er niemals sehr deutliche Konturen hatte, dieser Prinz. Ein chinesischer Schatten, eine Silhouette ... um nicht zu sagen: eine Eprouvette, denn ich wußte nicht, wie ich ohne ihn Kinder kriegen sollte. Er war wie dieser Monsieur de Fleurville in dem Buch *Petites filles modèles*, gerade gut genug, Camille und Madeleine zu zeugen, bevor er artig irgendwo in Mexiko oder auf der Krim starb.

Als ich ins Gymnasium kam, wurde alles anders. Oder vielleicht schon vorher, im Sommer, bevor ich zehn wurde. Ich war ein ganz kleines Mädchen, nicht viel größer als Judith, und innerhalb einiger Wochen wurde ich zu einer anderen. Meine Kleider und meine Sandalen paßten mir nicht mehr. Man mußte mir zuerst neue Schuhe, die ich innerhalb von vierzehn Tagen mit meiner großen Zehe durchlöcherte, dann ein neues Kleid kaufen, welches auch nicht länger hielt, obwohl man bei seinem Kauf bereits diesen Umständen Rechnung trug. Ich mußte den Saum zweimal auftrennen. In der Geschwindigkeit, mit der ich wuchs, wäre ich beinahe in die Verlegenheit gekommen, einen falschen Saum dranzunähen. Dann gesellte sich das Problem der Brüste dazu. Ich war verzweifelt. Zu wachsen ging gerade noch, aber Brüste zu haben! Jetzt schon! Festzustellen, daß ich mit zehn die gleiche Figur hatte wie Anne, die dreizehn war! Bemerkungen, die obendrein eher lobend gemeint waren, zu hören, wie: „Sie ist eine richtige kleine Frau! Schau nur, wie hübsch Elisabeth wird!"

Hübsch? Ich haßte mich. Es gab Prinzen, die zu Fröschen geworden waren, und ich war ein kleines Mädchen, das sich in eine Frau verwandelt hatte. In meinem Kopf hatte ich nichts anderes als Kinderspiele, Puppen, Schaukeln. Wie Judith wollte ich weiterhin Bücher wie *Sans Famille* und *Les Trois Petits Enfants Bleus* lesen. Anne schlug mir aber *Die Chronik von Karl IX.* oder *Quo vadis* vor.

Immerhin war Anne diejenige, die mir damals geholfen hatte. Nicht nur, indem sie mir ihre Kleider borgte, sondern auch, indem sie mir erklärte, daß ich nicht mehr zurückkonnte und daß es normal war, nicht überall zur gleichen Zeit zu wachsen. Der Schulanfang kam. Sie hatte mich im Schlafsaal der Erstklasslerinnen untergebracht und zeigte mir ihren Bereich, den der Mädchen aus der dritten Klasse Gymnasium. Ich bemerkte, daß sie ihren alten Stoffteddybären Arthur ins Internat mitgenommen hatte. Er thronte auf dem Bett. So bestand also meine dreizehnjährige Schwester darauf, mit ihrem Arthur zu schlafen? Trotz der Rügen unserer Mutter hatte sie nicht nachgegeben. Sie hielt auch dem Spott ihrer Kameradinnen stand, indem sie diese Reliquie aus ihrer Kindheit bei sich behielt. Unter solchen Umständen war ich ebenfalls bereit, eine Große, eine Gymnasiastin zu werden, ein Mädchen, das sicher noch vor den anderen ihre Regel bekommen würde, wie Anne mich gnädigerweise vorwarnte. Ich konnte immerhin noch in einem Winkel meines Herzens Kind bleiben.

Eine Woche später brachte ich *Les Trois Petits Enfants Bleus* ins Internat. Ich habe dieses Buch immer noch. Ich habe erst vor einigen Monaten wieder darin gelesen.

Das Körperliche ging bei mir also dem Mentalen voran. Nicht für lange. Im zweiten Semester verliebte ich mich in Fräulein Tomasini.

Laetitia Tomasini erwartete viel von mir, aber sicher nicht, daß ich mich in sie verliebe. Diese junge Frau, Musikprofessorin im Gymnasium, war beauftragt, den Internen Klavierstunden zu geben. Anne war ihre Lieblingsschülerin, jene, die sie für all die Plagen entschädigte, die sie mit den meisten undankbaren Schülerinnen hatte, denen das Klavier zuwider war. Im Gegensatz zu meiner Schwester glaubte ich von mir nicht, daß ich die Verlobte Schumanns sei, aber ich spielte passabel. Gewissenhaft wäre das passendere Wort, glaube ich. Ich büffelte meinen Czerny, wie ich die Deklinationen lernte. Ich spielte lange Triller, um meine Finger gelenkiger zu machen, ich stuckte Akkorde, hatte die Harmonielehre immer dabei; aber es fehlte mir am Genie meiner Schwester, die über alle romantischen Musikstücke hinwegfegte, ohne Angst vor falschen Noten zu haben, und die die Fingerübungen einfach ausließ, „wenn sie sich nicht in Form fühlte". Eines Tages im Dezember, als es so dunkel war, daß man bereits um vier Uhr das Licht andrehen mußte, kam Fräulein Tomasini in das Musikzimmer, in dem ich die *Schule der Geläufigkeit* übte. „Aber Elisabeth, Sie werden sich die Augen verderben!" Sie näherte sich, ohne Licht zu machen. „Wie schlecht Ihre Haltung ist, wenn niemand da ist, der Sie darauf aufmerksam macht. Sie dürfen nie schnell spielen, wenn Sie nicht aufgewärmt sind. Lassen Sie die Schultern fallen, richten Sie sich auf!" Und sie legte ihre Hände auf meine Schultern, drückte sanft ... sanft ... aber unerbittlich. Ich glaube nicht, daß ihre Hände mich dort, wo meine Brüste zu schwellen begannen, berührten; meine Hände jedoch wurden auf einmal lebendig, Beute erstaunlicher, wunderbarer Empfindungen, die im ganzen Körper ihren Widerhall fanden und mich mit ihm versöhnten. Wenn ich vor dem Klavier eine schlechte Haltung hatte, so war es, weil ich mich bemühte, diesen Körper, der sich so verändert hatte und den ich haßte, zu verstecken. Es sei denn, ein Phänomen der Schwerkraft, an das ich bis jetzt nicht gewöhnt war, zog mich nach vorn.

Von diesem Tag an jedoch lebte ich nur für meine Klavierstunden. Mit der reflexartigen Gewohnheit der guten Schülerin arbeitete ich weiterhin fleißig an meinen Fingerübungen, spielte aber jetzt auch noch mit „Gefühl", und zwar Stücke von ungezügelter Romantik. Ich war dennoch nicht sehr schlau, denn, um Fräulein Tomasini zu gefallen, hielt ich mich gerade, Schultern zurück. Ich entging damit einer drohenden Kyphose*, aber nie mehr legte sie ihre Hände auf meine von nun an tadellosen Schultern.

Ein Jahr später, zu Beginn der 2. Klasse Gymnasium, verliebte ich mich in eine neue Schülerin, die, ein günstiger Umstand, in die Klasse meiner Schwester ging. Diese sehr ätherische Leidenschaft hinderte mich nicht daran, täglich die Hände von Fräulein Tomasini auf meine Schultern zu wünschen. In den sanften Träumen, denen ich mich vor dem Einschlafen hingab, stellte ich mir Laetitias Hände (nur so nannte ich sie in der Nacht) und das Gesicht von Emmeline Wolf vor. Dieses Phantasiewesen streichelte mir das Gesicht, den Körper, bis zu einem gewissen Punkt allerdings nur. Unwissenheit? Unreife? Manchmal hatte ich den Eindruck, daß mein Bauch Feuer fangen würde, aber ich machte nichts, damit sich diese Empfindung verstärkte. Ich schlief ein. Erfüllt vielleicht.

Man wird mir sagen, daß alle heranwachsenden Mädchen so sind, alle träumen von Wesen unbestimmten Geschlechts, besonders zu einer Zeit, in der solche Themen überhaupt tabu sind. Was macht den Unterschied aus zwischen denen, die „normal" werden, und den anderen, die sich, wie ich, nie einem Mann nähern können? Ich weiß es nicht, weil ich nie in der Haut der anderen steckte, ich weiß aber, daß es für mich und für die Frauen, die ich später geliebt habe und die mit mir darüber gesprochen haben, nie den geringsten Zweifel gegeben hat. Was ich empfand, war abnormal, schlecht. Ich mußte

* Wirbelsäulenverkrümmung, führt zu starkem Rundrücken.

es verstecken. Neben Anne, deren Revolte und Gottlosigkeit unsere Mutter so sehr beunruhigten, war ich ein Monstrum. Die Sünderin, das war ich. Ich würde nie Robert Schumann heiraten wollen, sondern Clara. Das war unvorstellbar. So unvorstellbar, daß die Bibel es nicht einmal erwähnte.

Emmeline Wolf mochte mich. Als kleine Schwester von Anne, aber das war besser als gar nichts. Trotz ihrer fünfzehn Jahre scherzte und tollte sie viel mit mir herum, nannte mich „kleiner Leimtopf". Da ihre Eltern in Indochina waren, nahmen wir sie manchmal samstags und sonntags nach Puyferrand mit. Sie war lutherianischen Bekenntnisses, also durften wir mit ihr verkehren. Eines Tages gingen wir Brombeeren für die Jause pflücken, sie verletzte sich an einer Hecke. Unter dem Vorwand, ihre Wunde zu verarzten, küßte ich ihr die Hand. Hier muß ich von einem Schwindel ergriffen worden sein, denn ich fand mich am Rand des Weges liegend wieder. Sie war über mich gebeugt und bespritzte mein Gesicht mit Wasser. Wer hatte die andere als erste geküßt? Ich sicherlich, denn nachher sagte sie zu mir: „Mach das nie wieder ... das ist nicht normal."

„Ich weiß."

Und ich fing zu weinen an. Sie sagte: „Weine nicht, mein kleiner Leimtopf, weine nicht. Das wird sich geben, du wirst sehen. Das ist nichts."

Sicherlich war sie ebenfalls davon angezogen, aber ich sollte dies nie erfahren. Im Jahr darauf ging sie nach Hanoi, und Fräulein Tomasini wurde durch eine langweilige Kreatur ersetzt, die Chopin mit den Posen einer Bleichgesichtigen spielte und dachte, daß Schumann verrückt war.

Ich war noch zurückhaltender, noch trauriger geworden. Ich versuchte, meine „Übeltaten" zu verbergen. Ich glaube, es ist mir gelungen.

Anne war in Pierre Richard-Willm verliebt. Sie hatte Photos von ihm in ihrem Schulfach, las heimlich die Filmrevuen. Judith, die nun auch ins Gymnasium kam, war entsetzt. Starr wie eine Richterin las sie uns aus dem Deuteronomium vor: „Du sollst dir kein Bildnis machen, nichts, was die Form dessen hat, was sich oben im Himmel, unten auf der Erde oder in den Wassern unter der Erde befindet.“ Anne lachte: „Wenn Gott Pierre Richard-Willm nach seinem Ebenbild geschaffen hat, ist er schön … aber ich würde mich mit einem seiner Geschöpfe begnügen.“ Eines Tages versäumten wir absichtlich den Bis nach Vigan und schauten uns den Film *Le Grand Jeu* an. Während Anne entzückt ihr Idol als Legionär bewunderte, ließ ich mich von der Stimme Marie Bells bezaubern, besonders im zweiten Teil, in dem sie einen rauhen Alt singt, der in starkem Gegensatz zu dem mondänen Sopran steht, den sie im ersten Teil des Filmes hören läßt. Ich entdeckte aufs neue Empfindungen, die ich vergessen hatte, diese Schwere im Bauch, diese Schauder, diesen Schwindel. Als wir das Kino verließen, hörten wir in der Menge, wie sich zwei Frauen im biblischen Alter von mindestens zwanzig (!) unterhielten. Die erste hatte für den schönen Pierre ungefähr dieselben verliebten Worte wie meine Schwester übrig. Die zweite antwortete ihr: „Ich rate dir, denk nicht mehr an ihn. Er ist schwul!“ Anne war indigniert, zog mich auf die Straße und grollte: „Schwul … sonst noch was! Was hat denn die für eine Ahnung, die Verrückte!“

„Was ist das, schwul?“

Sie schaute mich an, fragte sich, was man einer Zwölfjährigen wohl antworten soll, dann dachte sie offensichtlich, daß ich die Wahrheit verdiente:

„Das ist ein Mann, der Männer liebt.“

„Der Männer liebt?“

„Der mit Männern macht, was man normalerweise mit Frauen macht.“

„Oh …“
Ich blieb still, dann wagte ich die Frage:
„Gibt es auch Frauen, die Frauen lieben?“
„Natürlich.“

Wir gingen stumm zur Bushaltestelle, dann fügte sie hinzu: „Erzähl nur ja der bigotten Judith nichts! Was Pierre Richard-Willm betrifft, glaube ich nicht, daß es stimmt.“

Wenn ich es gewagt hätte, ihr die Wahrheit zu sagen, was wäre passiert? Sicher hätte sie mich verstanden, die große Schwester, die so freidenkend war, daß sie wußte, daß Männer manchmal ohne Frauen auskamen und Frauen ohne Männer. Aber hätte sie die Wünsche einer Zwölfjährigen ernst genommen? Das ist nicht sicher.

„Weißt du“, sagte sie mir Jahre später, „ich wußte nicht sehr viel darüber. Ich hätte dir vermutlich gesagt, daß so etwas vorüberginge. Daß du dir den Kopf nicht über etwas zerbrechen sollst, was vielleicht nur vorübergehend war und nicht weiter schlimm … nun, nicht weiter schlimm, damit meine ich, daß ich, wenn ich es gewußt hätte, sicher früher über diese Dinge nachgedacht hätte. Auf jeden Fall hätte ich dir geraten, das nicht …“

„… Judith, der Bigotten zu erzählen.“

„Das ist klar! Wenn du sie gesehen hättest, an dem Tag, als Hippolyte heiratete, als sie mir sagte: ‚Weißt du, Anne, ich glaube, daß Elisabeth … nun … sie lebt in der Sünde … schlimmer noch. Nicht mit einem Mann.‘ Und ich, in einem leichten, absichtlich mondänen Tonfall: ‚Elisabeth ist Lesbe, klar, ich weiß das längst. Alle wissen es hier. Du weißt ja, das kommt in unserer Familie häufig vor!‘“

Ich habe dann wohl eine Art Latenzzeit durchgemacht, glaube ich. Ich arbeitete, erhielt jedes Jahr Auszeichnungen in der Schule, stürzte mich auf das Klavier und wurde fast so gut wie Anne. Ich war nicht mehr verliebt; ich träumte nicht mehr; ich betete, fast so fromm wie Judith, die Bigotte. (...)

Im Mai 1940 dauerte der Krieg seit acht Monaten an, und wir waren daran gewöhnt, daß nichts passierte. Emmanuel bereitete seine Hochzeit vor, Anne studierte Politikwissenschaft in Paris und wollte sich mit einem Studenten in ihrem Alter verloben, der „noch schöner als Pierre Richard-Willm" war, Christian lief den Mädchen nach. Judith betete. Mathieu auch.

Im Juni 1940 fielen die Deutschen über uns her. Wir waren alle wegen der Hochzeit in Puyferrand, sogar Anne. Die Flüchtlinge kamen aus Belgien, aus dem Norden Frankreichs, dann aus Paris. Annes Verlobung hingegen verursachte einige Probleme. Nicht sosehr für Papa. Der schätzte den Jungen, Sprößling einer illustren Familie, die seit Karl IX. stur protestantisch geblieben war und damit kleinen Landjunkern wie den Puyferrands alle Ehre machte. Aber Mama fand ihn frech, freidenkerisch wie Voltaire. Die Verlobung fand statt, die Hochzeit hatte noch zu warten. Anne und Hektor waren erst zwanzig. Emmanuel erst einundzwanzig, doch hatte er als Erbe eines großen Gutes, um das er sich bereits kümmerte, zumindestens einen Beruf. Und sein lahmes Bein ersparte ihm das Militär.

Am Samstag, den 15. Juni, kam Hector mit einigen anderen Flüchtlingen, die er durchgebracht hatte, zu Hause an. Obwohl er sich in Paris in absoluter Sicherheit fühlte, hatte er die Flucht aus der Stadt, den berühmten „Exodus" angetreten, um bei Anne zu sein. Auf der Landstraße hatte er sich dank seiner Kaltblütigkeit und seines Humors nützlich gemacht. Ich verstand gut, warum Anne ihn liebte. Sie waren einander so ähnlich! Hector verbeugte sich vor unserer Mutter, stellte die Flüchtlinge vor und sagte: „Wenn du auf deinem Felde deine Ernte hältst und eine Garbe auf dem Felde vergissest, so sollst du nicht umkehren, um sie zu holen; dem Fremdling, der Waise und der Witwe soll sie zufallen, auf daß Jahwe, dein Gott, dich in allem Schaffen deiner Hände segne!" (Deuteronomium 24-19)

Anne lächelte selig, Mama war erobert. Und ich schaute Cornelia Verriest an.

Vielleicht wäre es genauer zu sagen, daß Cornelia Verriest mich anschaute. Oder daß ich ihr zuhörte. Eigentlich hörten wir ihr alle zu. Diese junge Frau, Studentin auf dem Konservatorium in Brüssel, hatte ihre Stadt auf dem Fahrrad verlassen, mit einem kleinen Rucksack und ihrer Violine, die sie umgehängt hatte. Das Fahrrad und der Rucksack wurden ihr gestohlen, aber sie hatte die Violine behalten, legte sich auf sie drauf, wenn bombardiert wurde, und schützte sie, als wäre sie ihr wertvollstes Gut. Dieses völlig abgebrannte Mädchen, das mit ihrer Violine allein unterwegs war, hatte Hector gerührt, besonders, als sie ihm erklärte, daß der Verlust ihres Rucksacks sie kaltgelassen hätte, wenn nicht ihre *Caprices* drinnen gewesen wären.

„Wie bitte?" fragte mein zukünftiger Schwager.

„Ja, meine *Caprices*. Oh, Sie verstehen mich nicht? Das sind die Etüden von Paganini.

„Sie können sie sicher irgendwo nachkaufen."

„Aber es war mein Fingersatz drauf, alle meine Noten!"

Cornelia war untröstlich, und Hector fühlte, wenn auch amüsiert, mit ihr und versprach ihr, daß sie bei uns sicher neue *Caprices* finden würde, selbst wenn es keinen Fingersatz drauf gäbe. Darin irrte er sich, denn weder Christian noch Mathieu hatten je ein Niveau erreicht, das ihnen erlaubt hätte, Paganini zu spielen.

Trotzdem war Cornelia froh, bei Musikliebhabern gelandet zu sein. Und unsere Familie, die so karg und streng war und auf Grund der traurigen Ereignisse noch viel ernster hätte sein müssen, hat mit Cornelia Verriest den ausgelassensten, verrücktesten, erstaunlichsten Abend verbracht, den ich je erlebt habe. Man sagt, daß so etwas nicht ungewöhnlich ist. Es heißt, daß die Menschen während der großen Katastrophen anders sind als sonst. An jenem Abend lächelte Papa, Mama hatte einmal keine Migräne, Emmanuel und Jeanne-Marie hielten einander an den Händen, Anne himmelte Hector an, ohne daß Mama daran dachte, sie darauf hinzuweisen, „daß man nur Gott anbeten darf". An diesem Abend schaute Judith noch engelhafter drein als Mathieu, Christian träumte nicht mehr davon, auf irgendeinem verrückten Schiff „zu fliehen, weit weg zu gehen" ... und ich, ich fühlte mich wohl ... so wohl, wie ich mich das letzte Mal mit neuneinhalb Jahren gefühlt hatte, als man kurz davor war, mich aus dem Paradies zu vertreiben und ich davon noch keine Kenntnis hatte.

Cornelia spielte uns das *Scherzo-Tarentelle* von Wieniawsky vor, dann *Introduction et Rondo Capriccioso* von Saint-Saens. Anne, die begabteste von uns, versuchte, Cornelia ohne Partitur auf dem Klavier zu begleiten. Dann improvisierten wir alle mehr oder weniger, und Anne spielte zu Ehren ihres ehemaligen „Verlobten" das *Intermezzo* aus dem *Faschingsschwank aus Wien* und nahm verschiedenste Posen ein: „Hört einmal zu, an dieser Stelle spricht Robert ... und das ist jetzt Clara ... jetzt wieder er ... dann sie." Alle lachten. Ich weiß nicht mehr genau, wie dieser so außergewöhnlich heitere Abend sein Ende fand. Sicher haben sich die Flüchtlinge, erschöpft wie sie waren, als erste zurückgezogen, gefolgt von den Eltern und den jüngeren Geschwistern. Immerhin kam es soweit, daß Christian und ich mit Cornelia allein zurückblieben und plauderten. Worüber? In Anbetracht dessen, was danach kam, kann ich mich nicht mehr genau erinnern. Über den Krieg sicherlich. Christian sprach von seinem Wunsch, auf ein Schiff zu gehen und so am Krieg teilzunehmen, nur wie sollte er dies bewerkstelligen, wenn er noch nicht einmal achtzehn war und die Schule noch nicht beendet hatte? „Dafür ist es zu spät", sagte Cornelia zu ihm. „Diesen Krieg habt ihr bereits verloren, so wie wir. Ich kehre sicher nie mehr nach Brüssel zurück." Und sie erzählte uns, daß auf der Juilliard School in New York eine Freundin auf sie warte. Für dieses Wiedersehen würde sie einfach alles tun, und sie hat es uns bereits bewiesen. Sie hatte die Absicht, bis nach Algerien zu fliehen, bevor die Deutschen dort einmarschierten, denn sie zweifelte keineswegs daran, daß sie auch dorthin kommen würden, hoffte aber, noch etwas Aufschub zu haben. Von dort würde sie schon Mittel und Wege finden. Es genügte, dies zu wollen. Und sie erzählte uns von dieser Freundin, die vor zwei Jahren in die Staaten gegangen war und auf sie wartete. Sie erzählte uns von ihren Eltern, die sie daran gehindert hatten, mitzugehen: „Aber jetzt bin ich einundzwanzig, und es ist Krieg. Ich bin weggegangen. Sie, Christian werden zur Marine gehen. Man findet immer ein Mittel dazu. Und Sie, Elisabeth, was werden Sie mit einundzwanzig machen? Werden Sie heiraten?"

„Auf keinen Fall."

Diese Antwort kam wie der Blitz. Spontan. Ich hatte nicht einmal Zeit nachzudenken. Was ich von meinen einundzwanzig Jahren erwartete … nun, vielleicht wie sie eine Frau, eine „Freundin", wie sie sagte, die auf mich wartete. Eine Frau, für die ich jede Flucht und jeden Bombenanschlag, die Müdigkeit der Reise auf mich nehmen würde und von der ich mit demselben Leuchten in den Augen sprechen würde, das in ihrem Blick lag, wenn sie ihre „Freundin" erwähnte. Dieses Leuchten in Annes Augen, wenn sie von Hector sprach, das auch in den Augen Jeanne-Maries zu sehen war, wenn sie Emmanuel ansah. Ich war mit meinen siebzehn Jahren vielleicht noch ein Kind, aber ich war sehr wohl in der Lage, die Liebe zu erkennen, wenn ich sie in den Augen einer Frau sah!

Christian lachte freundlich: „Elisabeth gibt sich wie eine kleine Wilde, aber in Wahrheit ist sie in der Familie die mit dem weichsten Herzen. Sie wird ein Dutzend Kinder großziehen, die sie mit Küssen und Zärtlichkeiten überhäufen wird, von denen sie selber nie genug bekommen hat. Gut, mit diesen netten Worten werde ich auch schlafen gehen."

Ich war nun mit Cornelia Verriest allein. Und weil mir schon einmal eine Schulfreundin gestanden hatte, daß man meinem Blick nicht widerstehen konnte, schaute ich sie an. Es war natürlich kein verliebter Blick, wie der Annes auf Hector, aber ein Blick, der begehrte. Was eigentlich? Cornelia selbst oder das Instrument, das sie für mich darstellte? Ich kannte meinen zukünftigen Weggefährten Immanuel Kant bereits gut genug, um zu wissen, daß ich Cornelia zum Objekt machte. Manche Frauen, erfuhr ich später, wählten einen „Gebrauchs-Liebhaber" als „Entjungferer"; ich hatte, seit ich zu verstehen glaubte, daß diese Frau Frauen liebte, beschlossen, mit ihr ins Bett zu gehen. Und ich spürte, daß dies nicht allzu schwer sein würde. Sie hatte mich von Anfang an mit einer Art aufmerksamer Sympathie angesehen, die mir fremd, aber anziehend vorkam. Gab es ein Zeichen? Erkennen wir einander als Gleiche? Das wäre sehr praktisch, aber fünfzig Jahre später kann ich darauf immer noch keine Antwort geben.

Mein Blick dürfte eindeutig gewesen sein, denn sie erhob sich, nahm mich an der Hand, um mich ebenfalls hochzuziehen, und ging mit mir hinaus zu den Gehöften. Wir gingen still nebeneinander her, eine Stille, die ich nicht zu unterbrechen wagte ... ich hätte nicht einmal gewußt, was ich sagen sollte. Sie begann zu sprechen:

„Schau mich nicht mit diesen großen, pathetischen Augen an. Das ... verwirrt mich ... verstehst du?

„Aber ich möchte Sie ja verwirren."

Damit hatte ich ihr die Bestätigung gegeben, auf die sie gewartet hatte. Sie wollte offensichtlich sicher sein, daß es kein Mißverständnis gab. Wir gingen in eine der Scheunen und liebten uns, wortlos, anfangs etwas hastig, als ob es dringend notwendig wäre, eine starke Spannung loszuwerden. Bei ihr die Spannung, die einer großen Angst folgt und erklärt, warum während dieser Flucht, des berühmten „Exodus", so viele kurze Abenteuer zwischen Zufallsbekanntschaften passierten; bei mir die Spannung der Anfängerin, die so lange darauf gewartet hat und sich dabei immer fragte, ob sie es je wissen würde.

Nachher haben wir miteinander gesprochen. Das heißt, sie sprach zu mir, ziemlich zusammenhanglos. Über die Liebe, über den Körper der Frauen, über die Haut der Frauen, über meine Augen, über meine Brüste und über diese Frau, Louise, die sie in New York erwartete und die sie sich geschworen hatte, nie zu betrügen. Sie versicherte mir, daß ich eines Tages die eine und einzige Frau kennenlernen würde, die für mich allein bestimmt wäre, die, die ich nie betrügen würde und von der ich nie mehr wieder getrennt werden wollte. Wir verbrachten die Nacht in der Scheune, schlafend, sprechend, uns liebend, wiederholte Male. In der Morgendämmerung wußte ich über die Lust Bescheid, über die wahre Lust, die so heftig ist, daß alles, was man vorher gekannt hat, verblaßt. Cornelia ging als erste ins Haus zurück, um die Laken ihres Bettes zumindestens pro forma zurückzuschlagen und sagte:

„Wenn ich daran denke, daß ich seit drei Wochen in keinem Bett mehr geschlafen habe und mich auf dieses hier so gefreut habe. Du mußt zugeben, daß das Leben manchmal ärgerlich ist."

Ich blieb vorsichtigerweise zurück und schlief noch eine Stunde, bevor ich ins Haus ging. Als ich aus der Scheune kam, sah ich Anne und Hector, die von einem Heuboden herunterkletterten. Sie bemerkten mich nicht. Offensichtlich war ich nicht die einzige, die in der Morgendämmerung des 16. Juni 1940 die Lust entdeckt hatte, am Vorabend jenes Tages, an dem wir erfuhren, daß wir „schweren Herzens den Kampf aufgeben mußten".

Heute, am 16. Juni 1990, sind Emmanuel und Jeanne-Marie, Anne und Hector dabei, die Vorbereitungen zur gemeinsamen Feier ihrer Goldenen Hochzeit zu treffen. Die Zeiten haben sich geändert, und dank meiner Schwester Anne, die mich fast dazu gezwungen hat, verheimliche ich meinen „unsittlichen" Lebenswandel nicht mehr. Ich begnüge mich damit, ihn nicht an die große Glocke zu hängen, und glaube, daß man von einer Protestantin aus den Cevennen, die in den zwanziger Jahren geboren ist und nie eine Revolutionärin gewesen ist, nicht mehr verlangen kann. Sogar Judith, die Bigotte (die es mehr denn je ist), mußte sich damit abfinden, daß ich zu dem Fest an diesem Wochenende mit Nathalie kam, die, was die Sache noch verschlimmert, meine Tochter sein könnte. Sie ist, sagt man schamhaft, eine „Freundin". Ich habe keine Kinder bekommen, und das ist das einzige, was ich bedaure. Anne, die nur zwei wollte, hat fünf. Die älteste ihrer Töchter ist wie ich, was ihre Mutter dazu veranlaßt, sich ernsthafte Gedanken über Vererbbares und Erlerntes zu stellen. Die zweite Tochter ist Pianistin, eine richtige, berufsmäßige, endlich! Sie will Robert Schumann nicht heiraten, würde ihn äußerstenfalls zum Liebhaber nehmen, gemeinsam mit Mozart und Chopin. Emmanuel hat drei Kinder bekommen und ließ es dabei bewenden. Christian gelang es, 1943 zur Marine zu gehen, mit Hilfe des Netzes, in dem Anne und Hector für die Resistance arbeiteten. Dann absolvierte er die Marineakademie und ist jetzt Admiral, was ihn nicht daran hindert, den Mädchen nachzulaufen, unter dem Vorwand, daß das etwas ist, was wir, er und ich, gemeinsam haben. Judith hat sechs Kinder, alle hunderprozentig rebellisch.

Mathieu ist Pastor und hat ebenfalls sechs Kinder, die absolut nicht aufwieglerisch sind, was beweist, daß die Erziehung sehr wohl mit im Spiel ist. Und Cornelia? Ich habe die Konzertprogramme immer sehr aufmerksam gelesen, bis zu dem Tag, als Hilda, meine Nichte, die Pianistin, sagte: „Cornelia Verriest? Ich weiß, wer das ist. Sie ist Professorin in Juillard. Ist sie Belgierin? Ich dachte, sie wäre Amerikanerin. Auf jeden Fall hat sie den Ruf, eine alte Lesbe zu sein. Oh, Entschuldigung!

„Hilda, bitte, mehr Respekt vor meiner Fluchtaffaire!"

Wir lachten alle, ich natürlich als erste. Aber ich war froh darüber, mit fünfzig Jahren Verspätung zu wissen, daß Cornelia damals gut in New York angekommen war. Vielleicht hat sie nicht die Karriere gemacht, die ihr vorschwebte, vielleicht hat ihre Liebe zu Louise nicht gehalten, ich weiß es nicht. Sie hatte mir geschworen, daß ich die eine, einzige Frau kennenlernen würde, die ich nie betrügen werde, und ich hätte gewünscht, daß es so wäre! Aber das Leben gibt uns nicht immer das, was wir wollen, und die Frauen, die ich aus dem einen oder anderen Grund liebte, haben mich immer verlassen. Was soll's, da ich mich doch jedesmal darauf eingelassen habe, als ob es für das ganze Leben wäre … und immer noch daran glaube.

TRAUDE BÜHRMANN

Wie sehen die Beine eines Marienkäfers aus?

Sie, in ihrer Marienkäferbluse, „auf Taille, ganz Dame", rot mit großen schwarzen Punkten, nein, eher Kreisen oder Bällen, die bei manchen ihrer Bewegungen von ihrem Körper wegzurollen schienen. „Ich hab da was für Sie", hatte die Verkäuferin einer off-Boutique sie dazu überredet, ohne zu wissen, daß ihr zweiter Vorname Marie war. Der Rock eng und schwarz und kurz, damit die Taille und das Marienkäfermuster besser zur Geltung kommen, schwarze durchscheinende Seidenstrümpfe und klassische Pumps – ja, ganz Dame, so hatte sie es gewollt, und ich fragte mich, wie wohl die Beine eines Marienkäfers aussehen. Glänzen sie? Wieviele hat er überhaupt?

Auf der Tanzfläche drehte sie sich um mich herum, ein überdimensionaler, taillierter Marienkäfer, und ich versuchte, meinen Rhythmus ihrem Schweben und Flattern und Fliegen anzupassen, kam mir dabei schwer und plump vor. Lag es an den Alltagsschuhen, die mit ihren Gummisohlen so sehr am Boden hafteten, zogen mich die grauen Jeans nach unten? Lediglich das Seidenhemd gab meinen Armen einen schimmernden Hauch, und ich war froh, daß es rot war. Zwar nicht so rot wie ihre Marienkäferbluse, das wäre mir zu gewagt gewesen, trug ich doch zum ersten Mal in meinem Leben Rot. Es war auch nicht das Rot einer Klatschmohnblüte, eher erinnerte es an einen leichten Wein eines Spätsommerabends. Es schien mit dem Marienkäferrot zu harmonieren. Wobei Marienkäfer eher braunrot, kastanienfarben im Herbst sind. Doch diese kleine farbliche Unstimmigkeit war in jenen Augenblicken bedeutungslos.

Ihr Anblick, ihre – ich möchte sagen – aufreizenden Bewegungen zogen mich unwiderstehlich an, beflügelten mich, ließen mich ihrem Tanzschritt bedingungslos folgen. Unsere

Handflächen schienen sich zu berühren, als sie an den Hüften, der Brust entlangstreiften, sich an Hals und Kopf vorbei geradewegs in einen Rock 'n' Roll aus den fünfziger Jahren streckten und drehten. Schon damals hatten wir nach diesem Rhythmus getanzt, beim Jugendtanz in der Nord-Süd-Halle, jeden ersten Sonntag im Monat von fünf Uhr nachmittags bis Punkt 22 Uhr, keine Minute länger wegen des Jugendschutzgesetzes, oder, was seltener vorkam, in einem privaten Party-Keller, zu einem Geburtstag, einer Verlobung. Aber niemals hatten wir zusammen getanzt. Immer mit irgendwelchen Jungs oder „unseren Bekannten", wie es damals hieß. Heute tanzten wir zum ersten Mal zusammen auf diesem Wandervereinsfest in einem Dorflokal, gemischtes Publikum, und erregten die Aufmerksamkeit der um uns Herumtanzenden, der Zuschauenden, nein, ich glaube, es war eher sie, die bestaunt, beklatscht wurde. Ich war stolz, daß ich es war, die mit ihr tanzte, und niemand sonst. Ich hätte es auch nicht erlaubt, nicht an diesem Abend.

Die meisten Paare waren verschiedenen Geschlechts, nur einige ältere Damen tanzten miteinander. Ihre Männer waren im Krieg gefallen oder sonstwie gestorben, oder, dachte ich, tanzten sie aus schierem Vergnügen, aus purer Lust miteinander? Empfanden sie vielleicht wie ich in diesem Moment? Sie tanzten vor allem die Walzer. Die ließen wir aus und gingen erhitzt zum Tisch zurück, holten Atem, Schweiß rann meinen Rücken hinunter, zwischen den Brüsten, und ich war besorgt, daß er dunkle Flecken auf meinem ersten verhaltenen Rot hinterläßt. Unsere Tischnachbarin, eine pensionierte, ledige Lehrerin bedauerte, daß hier und auch bei ihren wöchentlichen Wanderungen immer viel mehr Frauen als Männer seien. Erstaunt fragte ich, warum das für sie ein Grund des Bedauerns sei. Die Frauen redeten nur über Männer, das langweile sie, war ihr Kommentar.

Männern, die uns hin und wieder zum Tanzen aufforderten, sagten wir nein, schritten zur Tanzfläche und erinnerten uns an früher, als es zum Anstand gehörte und es uns eingebleut worden war, keinen Korb zu geben, wenn doch, dann dürfe überhaupt nicht getanzt werden, mit niemandem, zumindest nicht diesen Tanz.

Wir ließen keinen Tanz aus, bis eben auf die Walzer, nahmen uns die ganze Tanzfläche, sparten keinen Zentimeter, keinen Winkel aus, unsere Augen folgten einander, gaben unseren Bewegungen die Richtung an, manchmal lagen Weiten zwischen uns, andere Paare, doch unsere Augen verloren sich nicht einen Blick, dann kreisend, drohten wir in die Spirale eines Wirbelwinds zu geraten, Jane, Jennifer, Marie-Anne und wie sie alle hießen, diese gefährlichen Stürme, sie haben fast immer weibliche Namen.

Rotschwarzer vorbeiwehender Schwung einer Flamencotänzerin, wie ich ihn auf einem Bild in fünfzehn Videomonitoren gleichzeitig gesehen hatte. Ich stand in der Mitte des Kreises, meine Augen konnten dem Beginn und Ende einer Drehung nicht folgen. Ich wußte nicht einmal, wo jede einzelne anfing und aufhörte. Waren sie in den 15 Bildern im Kreis überhaupt noch gleichzeitig, verschoben sie sich ineinander? Die schwarzen Punkte – oder waren sie rot gewesen – lösten sich in rotschwarzem Wirbel auf. In gleichbleibendem Takt trommelten, stampften schwarze Riemenschuhe, die Ledersohle, der Blockabsatz auf den Boden.

Ich war klatschnaß.

Die Punkte des Marienkäfers nahmen langsam wieder Konturen an. Hörte ich nicht einen leisen Flügelschlag, sah ich nicht ein Auf und Ab ihrer Flügel, oder flatterte mein Blick? Sie wollte doch nicht etwa – davonfliegen, nachdem sie mich so ganz und gar in ihren Bann gezogen hatte. Unverschämt, dachte ich, dieses Weib, unsere Grenze so einfach, so schamlos zu übertanzen. Sie war schon immer frecher gewesen als ich. Dafür hatte ich sie gemocht. Eine Kratzbürste wurde sie in der Wiege genannt. Hatte sie es gehört, behalten? „Du alte Hexe“, hatte sie eines Tages zur

Mutter gesagt und mußte zur Strafe den Rest des Tages hinter den Gittern ihres Kinderbetts verbringen.

Wir waren immer in derselben Klasse gewesen, in der Volksschule, später in der Mittelschule. Im Stenografieunterricht tadelte uns einmal eine Lehrerin gemeinsam: „Ihr beide schreibt wie mit einem Zaunpfahl.“ Sie stand auf, kerzengerade stand sie da und sagte mit lauter Stimme: „Wir schreiben nicht wie mit einem Zaunpfahl.“ Wegen der Widerworte wurde sie auf den Flur verbannt. Nie wieder wurde unsere Stenoschrift beanstandet.

Eines Mittags auf dem Nachhauseweg von der Schule, ich weiß nicht mehr warum, standen wir plötzlich voreinander mit hochroten Köpfen, tötenden Blicken, vor der Glasfabrik in der Steeler Straße. „Zimtzicke!“ ... „Miststück!“ ... „Ich bringe dich um!“ ... Bald hielten wir in unseren Händen, inzwischen schreckensbleich, Haarbüschel vom jeweils anderen Kopf. Die Zöpfe zerzaust in alle Richtungen, setzten wir unseren gemeinsamen Weg fort.

Und jetzt tanzte sie vor mir, mit mir, sie, die mit zweitem Vornamen Marie hieß, tanzte als ein Marienkäfer, der drauf und dran ist wegzufliegen, tanzte und tanzte und weckte verbotene Wünsche in mir.

Sie war doch, ich kann es nicht ändern, kann es nicht mal leugnen, sie war doch meine Zwillingsschwester.

BARBARA NEUWIRTH

Virginie

Wenn die Lifttür sich erneut öffnen wird, ganz oben, wird der Wind noch heftiger blasen. Die junge Frau zieht das braune Seidentuch aus der Handtasche, faltet es in der Diagonale und legt es sich um den Kopf. Sie kreuzt die langen Stoffwinkel unterm Kinn und verknotet sie im Nacken. Der Mann an ihrer Seite, den sie zu lieben begonnen hat, lächelt sie an: „Nun siehst du aus wie ein Mädchen vom Land." Das erstaunt die junge Frau; keine Bäuerin würde das Tuch unterm Kinn kreuzen und im Nacken binden, keine würde ein so großes, eines aus diesem Material verwenden. Das „Mädchen vom Land" ist nur ein Bild, das der Mann, den sie zu lieben begonnen hat, gerne von ihr hat, und sie nimmt es an, weil etwas am Rand des Bildes, vielleicht etwas, das schon außerhalb seines Verständnisses liegt, stimmt und sie einander Bilder schenken wollen, weil ihre Liebe noch jung ist und sie sich einander aussetzen müssen.

Sie sind nicht allein im Aufzug. Einer ist da, der ihn bedient. Neben ihm steht ein Liebespärchen, eng beisammen sehen die Liebenden einander in die Augen. Eine steht da, weggerückt von den anderen und allein. Im schwarzen Redingotemantel: der entfernte Körper einer Frau. Ihre dunklen, kinnlang geschnittenen Haare sind streng seitlich gescheitelt und aus dem Gesicht gekämmt. Blauer Lidschatten verläuft über blasser Haut zu den Augenbrauen, lenkt die Aufmerksamkeit einen Moment von den grell geschminkten Lippen ab. Etwas an ihr ähnelt der jungen Frau. Die beiden Frauen sehen einander neugierig an. Ein klares Präsentieren der Äußerlichkeiten: Die Fremde trägt ihr Inneres außen. Weiche, makellose Haut mit kleinen Goldsprenkeln; jetzt, im April: Sommersprossen. Die Konturen einer schmalen Oberlippe und einer üppig geschwungenen Unterlippe. Die klaren Furchen von den Nasenflügeln zu den Lippenecken: Wenn dieser Mund lächelt, muß etwas Schlechtes von der Erde getilgt sein.

Die junge Frau, die eben zu lieben begonnen hat, wendet den Kopf, und während die Fremde den hingeworfenen Blick auffängt, beginnt sie zu lächeln. Sie tritt in die Ecke und lehnt sich an.

Dann hält der Lift, die Tür gleitet auf und hinter dem umschlungenen Pärchen betreten sie die letzte Ebene des Turmes.

Der Sturm drückt sie fast in die Kabine zurück. Bevor sie einen Blick auf Paris wirft, schlüpft die junge Frau in ihre dünnen Jerseyhandschuhe, weil ihr aber einfällt, daß sie nach der Hand des Mannes, den sie zu lieben begonnen hat, tasten könnte, streift sie einen wieder ab. Dunst liegt über den Häusern, und obwohl die Sonne sichtbar ist und die Seine wie ein spiegelndes Band dahingestreckt, bleibt die Peripherie undeutlich. Der Mann tritt an das Geländer heran. Voll Schaudern, weil ihr Drang, sich in die Tiefe zu beugen, nur von ihrer Angst vor diesem Drang gebändigt werden kann, beobachtet die junge Frau ihn. Er kennt weder die Versuchung noch die Abscheu, die sie nun erfüllen, und deutet mit leichter Geste in den Nebel hinaus: „La Défense. Grande Arche ist die moderne Antwort auf den Arc de Triomphe. Da hat sich die Verwaltungsmacht des kaltschnäuzigen Organisierens ihr übersteigertes Denkmal gesetzt. Aber es ist nicht viel Unterschied zwischen diesem Motiv und jenem, das das Musée de l'homme hervorgebracht hat, auch wenn in der Vorstadt das Silber glänzt, und zu unseren Füßen das Gold. In der Vorstadt wohnen die Menschen aus den fremden Kulturen, und im Prachtmuseum sind sie ausgestellt. Ihre Objekte genießen mehr Respekt als sie selbst. Dabei wäre der Begriff der materialistischen Welt sogar auf Menschen ausdehnbar, wenn das System konsequent den eigenen Gesetzen gehorchen würde. Andererseits: Kunstwerke gibt es weniger als Menschen, und Mangel erhöht die Nachfrage, Seltenheit den Wert." Sachlich ganz der dinglichen Umwelt zugewandt, benennt der Mann die Plätze, die etwas in der Welt einnehmen kann.

Die junge Frau weicht ein wenig zurück und geht zum nächsten Geländerabschnitt. Hinter dem Rücken der Frau im Redingotemantel bleibt sie stehen. Während sie überlegt, ob sie ganz an das Geländer herantreten soll, dringt die Stimme der anderen Frau zu ihr. Aber vielleicht sind es auch nur ihre Gedanken.

– Ich spüre eine Verzweiflung in dir, die du vor dir selbst verstecken möchtest. Du hast begonnen, diesen Mann zu lieben, und es ist etwas geschehen, von dem du dich erschrocken abgewendet hast. Doch wenn es etwas gibt, an dem du nun in dieser fremden Stadt Halt gewinnen kannst, dann ist es das Festhalten an der Wahrheit. Du darfst nicht aus Liebe zu einer Karikatur dieses Mannes werden, der die Augen schließt und sich den oberflächlichen Strömungen hingibt.

– Wer bist du, daß du so mit mir sprichst?

Die junge Frau wagt sich nicht weiter, sie verharrt hinter der anderen, die sich nicht umwendet.

Ich bin Virginie, und ich bin, was auch du bist. Ich bin eine wie du, nur viel älter, und ich habe erfahren, was du über dich weißt. Ich war gestern an deiner Seite, als du in ein Buch etwas geschrieben hast, das dich erschreckte und das du zu vergessen versuchen wirst. Ich bin die, die dich über diesen Seiten kauern sieht an einem Tag, dessen Entfernung nicht meßbar ist.

– Was weißt du über die Zukunft?

Virginie richtet sich auf, als löse sie den Blick von der Stadt, sie geht einige Schritte weiter und stellt sich erneut mit dem Rücken zur Plattform hin. Im starken Wind flattert ihr Haar nicht, auch der weitschwingende Saum des Mantels umspielt ihre Waden nur, wenn sie sich selbst bewegt.

– Gestern, angesichts des gemauerten Ufers der Seine nahe Notre Dame, warst du weit entfernt von der Gegenwart plötzlich in einem Land, das ausschließlich dir zugänglich ist und das du lange Zeit aus deinem Herzen verbannt hattest. Aus Übermut, aber auch aus Mut hast du es nun wieder geöffnet, und heraus taumeln Bilder und Szenen, die du dem Mann dort als Geschenke darbringst. Die köstlichsten Kleinode deiner Erinnerung ziehst du aus kleinen Schatullen, und ich sehe dich gelegentlich kurz zögern, weil die Verpackung dir selten etwas über ihren Inhalt sagt und du dich trotz deines wunderbaren Mutes oft fürchtest, aber weil du dich an die Liebe gebunden hast, drehst du kleine Schlüssel in winzigen Schlössern und ziehst Riegel aus goldenen Sperren, lüftest dunkle Samtvorhänge und modernde Fetzen und ziehst ziseliert genaue Erinnerungen aus dem Vergessen hervor. Gestern, an der Seine, dachtest du an eine große Erdbeere, und als du es sagtest, antwortete der Mann nur, daß dies seltsam wäre und du ein seltsames Mädchen, doch er fragte nicht nach der Geschichte hinter deiner Erinnerung an diese Erdbeere.

– Ich dachte an diese Erdbeere, und ich erwähnte sie, aber meine Erinnerung war nicht passend in diesem Moment, also vergaß ich sie wieder.

– Erzählst du mir von der Erdbeere?

Die junge Frau steht hinter Virginie, und ihr Herz jagt in Hast das Blut durch ihren Körper.

– Warum willst du diese Geschichte wissen? Sie ist langweilig für dich, nur mir bedeutet sie etwas. Du kennst mich nicht und bist nicht verpflichtet, dich für mich zu interessieren.

– Ich bin dir zugeneigt. Ich bin wie du. Erzähle mir von dir, es ist, als ob du von uns erzählen würdest. Ich lerne durch deine Erzählung über mich, weil ich etwas über meine Zuneigung zu dir erfahren kann. Erzähle, erzähle.

Die junge Frau kommt einen Schritt näher, ihr Gesicht ist

nun im Windschatten, und ihr Blick geht weit zurück, weit in die Kindheit.

– Mein Vater, der Bergbauingenieur war, übernahm nach dem Studium die Leitung eines Braunkohletagbaus in einer abgelegenen Region meiner Heimat. Ja, dieses Land war meine Heimat, und ich war ein kleines Kind in einer großen, unzerstörbaren Landschaft, die im Sommer unter der gleißenden Sonne knisterte und im Winter sich stolz dem scharfen Wind entgegenreckte, die selbst unter hoher Schneebedeckung schamlos ihre Schönheit feierte.

Zunächst verdiente mein Vater, der während seines aufwendigen Studiums einige Zeit sogar in den englischen Kohlenminen tief unter Tag hart gearbeitet hatte, sehr wenig Geld. Meine Mutter wußte oft nicht, wie sie die Woche über mit dem geringen Gehalt durchkommen sollte, aber mir als Kind waren die finanziellen Entbehrungen keine Sorge, sondern lediglich Grenzen, gegen die anzuwünschen mein Verlangen mir oft gebot, die zu ertragen aber keine Last darstellte. Eine besondere Sehnsucht verband mich mit dem Symbol der Erdbeere. Begründet war sie im Besuch des kleinen Kaufladens, wo in der Glasvitrine, hinter der die Greißlerfamilie ihre KundInnen bediente, genau in meiner Augenhöhe die unterste Auslage gestaltet war. Und dort, in Nasenspitzenhöhe der Vierjährigen, standen die Schokoladetafeln hintereinandergeschlichtet. Eine davon, es war eine erdbeercremegefüllte Milchschokolade der Firma Julius Meinl, war in altrosafarbenes Papier verpackt, auf dem riesig und eine ganze Hälfte bedeckend eine rote Erdbeere prunkte.

Jedesmal, wenn ich meine Mutter zum Einkaufen begleiten durfte, drückte ich meine Nase an das Vitrinenglas, um dieser Erdbeere so nahe wie nur möglich zu sein. So eine Tafel sollte mir gehören!

Meine Mutter sah meinen Wunsch, aber das Haushaltsgeld erlaubte keine überflüssigen Ausgaben für solche Köstlichkeiten. Die Erdbeere blieb also Symbol meiner Sehnsucht, und als ich zum Namenstag eine Tafel Erdbeerschokolade als Geschenk erhielt, reichte die Freude weit über den Wert einer bloßen Süßigkeit hinaus.

Die junge Frau legt den Kopf zur Seite und lächelt ein wenig, als sie von diesem Geschenk erzählt. Doch schon bewegen sich die Gedanken weiter, und wieder öffnet sie eine kleine Kammer und berichtet von der Erinnerung, die heraustritt.

– Überhaupt die Namenstage: Mein Vater hatte sich für mich den Namen der Schutzpatronin der Bergleute gewünscht, und zum vierten Dezember kamen die Bergknappen und schenkten mir jedes Jahr eine kleine Bonbonniere. Gnädig und voll Würde empfing ich diese Huldigung, registrierte wohlgefällig, daß man den ganzen Namenstag als Feiertag beging, auch wenn ich selbst nicht an der abendlichen Feier teilnehmen konnte, weil ich noch zu klein und Zusammenkünfte um diese Zeit nur den Erwachsenen gestattet waren. Doch das Gefühl, daß sogar in meiner Abwesenheit mir zu Ehren etwas geschah, erfüllte mich mit höchster Zufriedenheit. Wie beschämt war ich später, als ich verstand, daß gar nicht ich der Grund für dieses jährlich wiederkehrende Fest gewesen war, sondern einer längst verstorbenen Heiligen gedacht wurde, die einst der eigene Vater geköpft hatte, weil sie sich seinen Vorstellungen nicht unterordnen wollte. Mir brachte man Süßigkeiten, weil ich den Namen der Heiligen trug, doch ich war nicht Grund der Feiern. Mein Name war Wiederholung, während er mir doch immer Ausdruck meiner Besonderheit gewesen war. Nun quälte mich der Gedanke, daß ich etwas als Huldigung angesehen hatte, was lediglich nette Geste gewesen war, mich quälte der Gedanke, daß mich mein würdevolles Auftreten bei der Übernahme der Gabe aus der Hand der Knappen lächerlich gemacht hatte.

– Hast du denn nicht gemerkt, daß deine Würde ihr Geschenk erhöhte?

– Ja, das tat sie sicher, denn die Knappen waren nicht wohlhabend, und ihr Geschenk war ein Zeichen von Großzügigkeit, aber das habe ich damals nicht verstanden.

Die Augen der jungen Frau füllen sich mit Tränen. Eine warme Hand streicht über ihr Gesicht.

– Quält dich jetzt noch, was damals mit dir geschah, als du eine Erkenntnis errangst?

– Mich beschämte, daß ich etwas nicht verstanden hatte, daß ich ein Ritual, das für sich gesehen schön ist, mißverstanden und mich selbst mit einer Bedeutung versehen hatte, die ich nie für die anderen besaß. Ich war ein Teil des Rituals, das sie liebten, und so liebten sie auch mich, doch ich war kein Individuum, das ein Ritual brechen oder hervorrufen konnte, was ich in meiner kindlichen Naivität glückstrahlend und ganz ohne Zweifel angenommen hatte. Die Erwachsenen, denen ich anvertraut war, hatten mir diesen Streich gespielt, indem sie mir nicht die Wahrheit über das Ritual gesagt hatten. Ich hätte wohl das Fest auch geliebt, hätte ich meine Rolle darin als aufgeklärter Mensch spielen können, mehr noch, mir wäre die Scham einer späteren Erkenntnis erspart geblieben, daß alle anderen um die Verteilung der Rollen von Anbeginn Bescheid gewußt hatten, nur ich nicht, die ich mich als Mittelpunkt gefühlt hatte.

– Und jetzt? Weißt du, welche Rolle du nun spielst?

Die junge Frau wendet sich ab, verläßt den Platz hinter Virginie und geht zum nächsten Geländerabschnitt. Sie zieht den zweiten Handschuh über. Aus der Entfernung kommt Virginies Mitteilung bei ihr an.

– Du bist mir nahe, und ich fürchte mich für dich. Du stehst in einer fremden Stadt, die der Mann, den du zu lieben begonnen hast, als Waffe gegen deine Klarheit benützt: Er kennt sie und zeigt dir Plätze, um sie als für dich tabu zu bezeichnen. Sieh hierher, sagt er dir, da hast du nichts verloren. Sieh dahin, da gehörst du nicht dazu. Schau dorthin, ich gehöre dazu, du aber nicht. Auf diesem Platz bestimmen andere, was ich machen will, du aber mußt warten, was sie entscheiden.

Du bist ihm zu seinem Platz gefolgt, weil er dich eingeladen hat, nun erprobt er, wie du zu zerstören bist. Du erinnerst dich an deine Kindheit, weil du auch damals hilflos warst, und an die Lügen und unbedachten, grausamen Spiele der Erwachsenen, die dir Wesentliches verschwiegen, um mit deiner Ahnungslosigkeit ihr Amüsement zu haben und dich zu lenken. Du entdeckst Bilder aus diesem weit zurückliegenden Land aufsteigen und wendest dich ihnen zu. Ich weiß, daß es wichtig ist, sich den Bildern der Vergangenheit zu stellen und ihre Bedeutung zu erkennen, aber es geschieht zu plötzlich, weil du dich lange geweigert hast, die Erinnerungen zuzulassen. Und nun, da du, durch die Liebe aufgefordert, die Grenzen geöffnet hast, stehst du allein vor dem Ansturm dieser Erinnerungen und Gefühle. Ich fürchte, daß du in der Vergangenheit verlorengehst, wenn es dir nicht gelingt, dir eine Zukunft vorzustellen.

Die beiden Frauen haben einander nun ihre Rücken zugekehrt, und in Virginies Gesicht kehrt Ruhe ein, ehe sie die unfaßbare Frage stellt.

– Gibt er dir denn Bilder der Zukunft?

Unter ihnen liegt das Marsfeld, das von einer schwachen, im Dunst versickernden Sonne beschienen ist. Die Lifttüre öffnet sich und lärmende Jugendliche erstürmen die Plattform. Sie umringen Virginie und die junge Frau.

Der Mann ist weit entfernt isoliert, er beugt sich zum Louvre und denkt an die Geschenke, die er seiner Frau und seinen Töchtern heimbringen soll.

Virginie erwartet keine Antwort mehr auf ihre Frage. Sie konzentriert sich auf die Aussicht, als ob es möglich wäre, Blüten auf den zahlreichen Boule-de-Neige-Rosensträuchern weit entfernt im Jardin du Luxembourg zu erspähen. Die junge Frau wendet sich mit einer Geste Virginie zu.

– Dein Blick sucht etwas, Virginie, das es noch nicht geben kann. Alles braucht seine Zeit, und im April blühen noch keine Rosen.

– Du aber blühst wie ein Rosenstrauch über und über, und ich fürchte, daß der Winter über dich kommen und alles erfrieren wird.

– Virginie, warum sprichst du so über die Liebe? Warum erfüllt sie dich nur mit Furcht und mit der Angst vor dem Erfrieren?

– Hör mir zu. Ich bin Virginie, eine, die, weil sie ein Leben in Unabhängigkeit angestrebt hat, in die schlimmste aller Sklavereien geriet, die in der Sehnsucht des Herzens begründet ist. Ich habe mich gebunden an einen Geliebten, der mutig und stark erschien, doch letztlich nur ein schwaches, erbärmliches Wesen war, das sein Glück an Konvention, Lügen und Prestige gebunden hatte, dem die Liebe eine von verschiedenen Belustigungen war, von der abzuwenden ihm nicht mehr Mühe bedeutete als das Aufgeben des Zigarettenrauchens: Schnell hatte er sie verbal denunziert, um heimlich weiter die Genüsse zu konsumieren. Auch für seine Freundschaften suchte er sich gerne Menschen, die etwas weniger als er erreicht haben mußten und die ihn bewunderten; für seine dosierte und auf Eigennutz bedachte Hilfe und Unterstützung gaben sie ihm ihre dankbare Zuwendung, während ihn seine Gesten wenig genug kosteten und vor allem seine Eitelkeit nähren sollten. Aber auch seinen FreundInnen gegenüber war die Wahrheit nicht die erste Grundlage seines Verhaltens, sondern nur eine Spielart unter mehreren.

Die junge Frau tritt näher, die vier Hände der Frauen umfassen nebeneinander das eiserne Geländer.

– Warum hast du dich an diesen Menschen gebunden?

Virginies Gesicht klärt sich wie das einer Ahnungslosen. Während sie so spricht, als entferne sie das Gesagte von der eigenen Erfahrung, wachsen die Schatten des Schmerzes im Gesicht der jungen Frau.

– Ich begegnete ihm in einer Stadt, in die ich als Reisende an einem Sommerabend kam. Diese Stadt liegt abseits von üblichen Routen, an einer Grenze, die zu überschreiten kaum lohnt, weil dahinter weder bequeme Straßen noch kulturelle Denkmäler von menschlichen Leistungen zeugen, eine dornige Wildnis scheint das Land jenseits der Grenze zu überziehen, und diesseits ist es gebirgig und schroff, doch ebenfalls voll wütendem Pflanzenbewuchs. Verläßt man die markierten Wege, so ist kein Weiterkommen mehr in diesem Dschungel. Als ich einen Blick auf einen Abhang neben dem Weg warf, staken dort Türkenbundlilien gleich den Lanzenspitzen gefallener, verbluteter Krieger zu Tausenden aus dem Boden, nie zuvor hatte ich Blüten gesehen, die gleich geschärften Klingen drohen, und doch war es dort so.

Die Stadt selbst liegt wie eine Enklave menschlichen Bemühens in dieser rasenden Vegetation, und ein braungerührter Fluß, der die Stadt wie eine Henkersschlinge umfaßt, versorgt die üppigen Wälder mit Feuchtigkeit.

Der Abend, an dem ich ankam, war mild und klar, und ich spazierte den flach abschüssigen, dreieckig angelegten Hauptplatz hinab, seinem spitzen Abschluß zu, wo ein mittelalterliches Tor eine Straße zu einer weiter westlich gelegenen Stadt würgte, sein enger Durchgang lag vor mir, und er sollte das Eindringen feindlicher Mächte verhindern. Draußen im Licht einer Straßenlaterne sah ich die blattreichen Zweige eines Busches winken. Um mich war alles ruhig, nur vor dem Tor raschelte und flüsterte die Natur, eine geheimnisvolle Macht lag ausgebreitet in der Dunkelheit dort und lockte und wartete. Ich hielt inne. Mein Herz pochte auf meinen Lippen, sie setzten zum Sprung an, etwas zu sagen, das mich dem dort draußen angleichen würde – meine Brust hob sich, ich war im Begriff fortzufliegen, ich war dabei, mich aufzulösen und der Verlockung der Dunkelheit zu folgen, ich machte den ersten Schritt – da trat ein junger Mann in meinen Weg. Er war von einer schnell zu erfassenden Schönheit. Seinen großen, athletischen Körper krönte ein schmaler Kopf mit dichtem, dunklem Haar; dicke Brauen über den hellen Augen, die lange, scharf geschnittene Nase und der schön geschwungene Mund waren nur erste Details seiner körperlichen Vorzüge. Unzweifelhaft war dieser Mann ein begehrenswertes Objekt für Frauen, deren ästhetisches Empfinden sich schamlos gegen die Angst vor dem Scheitern an der eigenen Sehnsucht durchsetzt.

Als ich diesen Menschen sah, wußte ich, daß ich dort die Nacht verbringen mußte, und es war nicht aus Furcht, durch den dunklen, umheimlichen Wald meine Rückfahrt antreten zu müssen. Ich hielt auf dem Kopfsteinpflaster an, grüßte und bat um Auskunft über Nächtigungsmöglichkeiten. Der Mann antwortete mit unbefangener Liebenswürdigkeit und zählte zunächst ungeeignete Plätze, Familienorte, auf. Schließlich nannte er, und dabei begann er zu lächeln, ein Appartement, das auf dem Gelände einer ehemaligen Konservenfabrik im Pförtnerhaus eingerichtet worden war. Als ich der Handbewegung des Mannes mit meinem Blick folgte, sah ich nahe dem Stadttor ein langgestrecktes Gebäude mit abbröckelnder Fassade und einem klaffenden Tor, das den Eingang zu einem unkrautverwachsenen Hof freigab. Durch die Bepflanzung führte links aus dem Sichtfeld ein gemähter Fußweg, auf dem ich dem Mann folgte. Erneut spürte ich das Pulsieren meiner Lippen, ich wußte, daß ich mich nun in die Dunkelheit begab, und lauschte dem erregten Singen meiner Nerven. Der Mann führte mich zu einem kleinen, hübsch renovierten Haus, das er mit einem unter der Türmatte versteckten Schlüssel öffnete, und ich fand mich in einem spartanisch eingerichteten Zimmer wieder, in dem alle Bedürfnisse erfüllt werden konnten.

Virginie verstummte und blickte über den Tour Maine-Montparnasse hinweg.

– Warum sprichst du nicht weiter? fragte die junge Frau.

– Mehr gibt es nicht zu erzählen. Ich fiel. Ich bin so tief

gefallen, daß ich dachte, nie mehr ins Leben zurückkehren zu können. Ich fiel zurück in meine Kindheit, in die Liebe zu meinem Vater und in die Wälder, über denen sich der wasserfarbene Himmel erstreckte. Ich war gebunden durch die Liebe und später durch den Schmerz, der den leeren Platz der Liebe übernommen hatte.

– Was war mit dem Mann? Was wollte er von dir?

– Befriedigung, Unterhaltung, Spiel. Das Abenteuer. Die Eroberung. Mich, die Unabhängige, abhängig machen. Seine Brust blähte sich voll Freude darüber. Aber seine Freude währte nur solange, bis er sich meiner Gebundenheit sicher war. Schon richtete er seine Aufmerksamkeit auf die Ränder der Freude, die nun in den Mittelpunkt seiner Betrachtungen gezogen wurden.

– Was meinst du mit den Rändern der Freude?

– Das, was die Geschichte der Frauen und der Männer auf dieser Welt ausmacht: das Beherrschen und Bestimmen. Die Verweigerung der Gleichheit. Das Maß der Ungleichheit. Das, wofür keine generelle Verantwortung zugewiesen werden kann, aber wofür auch dieser eine Mann die Schuld auf sich geladen hat, die durch nichts mehr gelöscht werden kann, weil sie jenseits der individuellen auch zu einer kollektiven gewachsen ist: die Zerstörung.

– Wie hast du den Sturz überstanden? Wie dich aus der Tiefe befreit?

Virginie dreht sich zu der jungen Frau. Sie stehen beieinander und sehen einander in die Augen. Noch immer ist Virginies Gesicht klar, als wäre sie ein Mensch ohne Vergangenheit.

– Ich bin der Tiefe nicht entkommen. Ich bin eine Verlorene ohne Vision meiner Zukunft. Ich lebe auf einer Eisscholle im rauhen Nordmeer und auf der Düne einer gelben Wüste, ich spüre den Schnee in mein Gesicht schlagen, von dem sich die Haut in großen Blasen löst. Ich bin zum Skelett abgemagert und schleppe mich jeden Tag in mein Fotoatelier, um Bilder von Frauen zu machen, die angriffslustig in die

Welt lachen müssen. Aber ich sehe ihre Angst hinter dem Lachen, und jedesmal, wenn ich auf den Auslöser meiner Kamera drücke, ist mir, als fixierte ich ein weibliches Schicksal auf seiner schiefen Bahn. Ich fotografiere Frauen mit Angst in den Augen, aber auf meinen Bildern werden sie mutig aussehen, tatendurstig und unverletzbar. Stark werden sie von meinen Bildern lachen, weil ich das der Welt vermitteln will: Stark sind diese Frauen, die trotz ihrer Angst das Mutigste wagen. Und ich hoffe, daß der Schein ihrer Stärke ihnen diese Stärke ein wenig auch gibt.

– Virginie, du bist so schön, es darf nicht wahr sein, daß du verloren bist, in einer Tiefe gefangen. Du bist stark und mir nahe, bitte sag mir, daß du mit dieser Welt umzugehen gelernt hast, daß du es wieder lernen wirst, Virginie, gib mir ein Bild von dir, dem ich folgen kann an der Seite dieses Mannes, den zu lieben ich begonnen habe.

Virginie schüttelt den Kopf.

– Welchen Weg soll ich dir weisen? Was du suchst, kann ich dir nicht geben. Was ich in dem einen Mann suchte, wodurch ich mich an ihn band, fand ich in keiner Frau. Wir sind einander Freundinnen, aber gegen die Ignoranz, diese gewalttätige Lieblosigkeit eitler Männer können wir nur bestehen, solange wir uns von den Sehnsüchten unserer Kindheit fernhalten. Unsere Kindheiten mit den treulosen Vätern – nicht einmal den Geliebten neben der Ehefrau waren sie jemals treu – haben uns in diese grausame Sehnsucht gepreßt, Liebe als Heilmittel gegen den Schmerz des Verlassenwerdens zu verlangen. Doch genau das Gegenteil findet statt: Liebe verkommt diesen Männern, die den Vätern so schäbig gleichen, zum Machtspiel, und während wir erhofften, dem Schicksal unserer Mütter entgehen zu können, indem wir einfach nur anders zu werden versuchten als sie, haben wir nicht bedacht, daß wir uns vor den Bindungen an Männer hüten müssen, die wankelmütig und schwach sind, egal wie sehr sie sich den Anschein der Stärke und Zuverlässigkeit geben. Frauen können einander ebenso betrügen und verleugnen, doch es gibt viele Frauen, die stark und schön sind, und es ist immer wieder möglich, darunter Freundinnen zu finden. Du wünschst dir, Liebe und Freundschaft mit jenem Mann dort zu leben, hoffst, daß die Liebe ihn dich respektvoll behandeln läßt. Gerne würde ich dich davon abhalten, ihm zu folgen. Gerne würde ich dich vor dem bewahren, was er an dir verbrechen wird, wenn er unfähig ist, die Verantwortung für die Liebe, von der er eindringlich zu dir sprechen wird, zu tragen. Aber weil du voll Sehnsucht und mutig bist, wirst du dich durch meine Erfahrung nicht davon abhalten lassen, diesen Weg zu gehen, den auch ich einst gegangen bin. So machtlos, wie ich dem von mir geliebten Mann gegenüber war, wirst auch du bald sein, könnte ich dich abhalten von dem Weg, ich käme aus der Tiefe zurück ins Leben durch diese Macht.

„Liebe, möchtest du noch bleiben? Wenn wir zur zweiten Plattform hinunterfahren, wird manches deutlicher zu erkennen sein."

„Wir verlieren aber auch an Weite des Blicks."

Der Mann lächelt und schüttelt den Kopf: „Du siehst immer das Wenigerwerden vor dem, was wächst."

Er streckt seine Hand nach ihr aus, und sie läßt sich fassen, um ihm zu folgen. Als sie sich am Lift umwendet, ist Virginie verschwunden.

„Virginie!"

– Wenn sie vom Turm gefallen ist, sich in die Tiefe gestürzt hat; ich habe den Blick von ihr genommen –

„Wer ist Virginie?" Der Mann stutzt.

– Virginie. Ich. Ich bin das. Ich folge dir, Mann, den ich zu lieben begonnen habe, du führst mich in einen abgelegenen, spartanisch möblierten Raum. Du isolierst mich. Du stößt mich über eine Kante und drehst dich dabei weg, um später sagen zu können, du hättest es nicht bemerkt, vielleicht wirst du auch sagen, du hättest gehofft, daß ich nicht falle. Du willst mit Virginie nichts zu tun haben. Ich bin Virginie. Virginie, meine Freundin, bleib bei mir. Ich kann dir Kraft geben. Ich kann diesen Mann verlassen, rette mich, Virginie, wenn ich gehe, rette ich dich –

„Vierzehnmal war ich bereits in Paris, aber noch nie auf dem Eiffelturm. Wohin ich mit dir gehe, lerne ich stets neue Schönheiten kennen, als wäre es das erste Mal. An deiner Seite wachsen meine Räume."

– Er wird nicht leben können, wenn die Gitter seines Käfigs ihn nicht mehr stützen. Er wird mich verjagen, wenn ich ihm zuviele Landschaften eröffne. Er ist nie zuvor auf dem Eiffelturm gewesen, obwohl er keine Angst vor der Höhe hat. Ich bin sofort hierher gekommen, weil ich es gewöhnt bin, meinen Ängsten entgegenzutreten. Das seltsame Mädchen vom Land, das jede Stadt bezwingt und jede Landschaft durchschreiten kann. Ich sollte weggehen. Hilflos. Hilflose Virginie.

Sie stehen da neben dem Mann beim Lift. Die mit dem Seidenkopftuch und die Dunkelhaarige. Sie sind zarte Körper mit einem festen Herzschlag. Sie sind ein Rhythmus und zwei Seelen ohne Halt. Sie sind eine Freundin und eine Sehnsucht. Sie sind schön und mutig, sie springen vom Turm, weil sie glauben, fliegen zu können, und sie fallen einem Abgrund entgegen; sie wissen, was sie tun und tun es dennoch, und weil Leben und Liebe für sie ident sind, sobald sie der Liebe einen Spalt in ihre Leben geöffnet haben, ergeben sie sich der Liebe und beobachten einander voll Mitgefühl und Sorge.

Virginie, Freundin, gib acht auf dich. Sie lächeln einander an, weil sie zwei sind und eine.

– Es ist mir kein Trost, daß auch du dich entschlossen hast, diesen Weg zu gehen. Weil auch du eine Verlorene bist, bin ich es dadurch nicht weniger. Indem wir uns an die Schwachen verschenken, helfen wir einander nicht.

Weil die jungen Männer auf der zweiten Plattform begehrliche Augen machen, als sie die junge Frau sehen, beeilt sich der Mann, ihr zu sagen, wie stolz er sei, sie an seiner Seite zu haben.

Ja, denkt die junge Frau, du hältst mich an deiner Seite, Virginie nahm mich in ihr Herz.

In dieser Nacht wird der Mann, den sie zu lieben begonnen hat, der jungen Frau beibringen zu sagen, daß sie seine Gattin ist, ungeachtet der Tatsache, daß er mit einer anderen verheiratet ist, und sie wird sagen: „Ja, ich bin deine Gattin", und wird zu fallen beginnen.

Und neben ihr fällt Virginie und sagt: Wenn du dich nicht rettest, gehe auch ich unter. Ich bin deine Freundin und dein Mut. Ich bin gebunden an deine Lebenskraft. Wenn du stark wärst, verheilten auch meine Wunden. Was du machst, Frau, gilt für alle Frauen. Wenn du versagst und dich zugunsten eines Mannes, den du zu lieben begonnen hast, aufgibst, gibst du alles auf, was die Frauen sind. Ich bin die, die nach deinen Erinnerungen fragt, wenn es für dich wichtig ist. Ich bin diejenige, deren warme Hand dein Gesicht berührt, wenn du weinst. Weil diese Handlungen der Freundschaft die zwischen Freundinnen sind, zwischen Freundinnen, die einander noch nie im Leben vorher gesehen haben, deshalb habe ich auch ein Anrecht auf deine Stärke. Gib mir zurück, was dich stärkte: Solidarität und Sorge, wenn du meinen Kummer siehst. Laß mich nicht allein, wenn ich schwach bin. Verlaß dich selbst nicht, wenn du schwach bist. Halte an dir fest. Du bist Virginie. Eine Freundin. Respektiere mich, wenn ich anders bin als du, aber hilf mir beim Wichtigsten: mich nicht aufzugeben. Steh zu mir. Dann weiß ich, daß du zu dir selbst auch stehen kannst. Siehst du, wie ich dich bewundere, weil du dich nie aufgeben wirst und meine Hilfe annehmen kannst, wenn du schon fällst? Ich fange dich auf. Du fängst dich ab. Wir halten einander. Wenn du das Buch wieder in die Hand nehmen wirst in einer anderen Jahreszeit und lesen mußt, was dir gestern bewußt wurde, weil genau das dann geschehen wird mit dir, wirst du dich an mich erinnern.

Ich bin bei dir zu jeder Zeit, an jedem Ort, wenn du mich brauchst. Ich bin Virginie.

ANNA RHEINSBERG

Wolfskuß

Und wieder sehe ich sie vor mir. Sehe sie – ich glaube, es war der letzte Tag im September im Jahr ... nein, übers Jahr will ich schweigen! – an jenen morschen Zaun gelehnt stehen, der unser Haus umgab: eine kleine, schon sehr alte, zarthäutige, schöne Frau. Vollippig, mit zu langer, scharf gebogener, nervöser Nase und einem breiten, leuchtend rot geschminkten, dabei stets ein wenig verschmierten Mund.

Stand in plissiertem Kleid, meergrün, stand starr und lauschte. Hielt eine Hand an ihr rechtes taubes Ohr. Und – lächelte, formte lautlos Worte, so als gäbe es ein Vis-à-vis, mir unsichtbar. Nur ihr sichtbar.

Aus ihren Augen sprang Gelächter, sprang übern Zaun. Gellte die Straße hinunter und wieder hinauf.

– Fang! Stopf's dir ins Maul. Und halt ja die Ohren zu, hörst du! Vergnügt kratzte sie sich.

Sie hatte ungepflegte, häßlich lange Nägel, denn sie schnitt sie nie. Sie war zittrig in den Händen; was sie auch anfaßte, zerbrach. Es war traurig anzusehen. Immer weinte sie dann, haßerfüllt, voll Scham.

Mir aber waren Messer und Schere verboten.

– Mit wem sprichst du da?!

Ich kauerte zu ihren Füßen. Sah nichts, ach, und hörte auch nichts. Woher denn! Was denn? Da war ja nichts. Kein Mensch, kein Tier. Ich beobachtete sie. Glotzte stumm und heulte. Voll Wut. Biß mir ins Knie. Ich zerrte an ihr. Schlug sie! Schlug mit den Fäusten, ungebärdig, frech.

– Sag es mir! schrie ich. Sag's doch, bitte, sag. Mit wem sprichst du?!

Sie lachte. Stieß sanft mit dem Fuß nach mir. Schob mich weg.

– Geh, sagte sie. Was verstehst denn du?

Und als entschuldige sie sich für mich, zuckte sie – ihren stummen Dialog ungerührt wieder aufnehmend und mich keines weiteren Blickes achtend – mit den Achseln, schüttelte den Kopf und seufzte tief.

Ich las von ihren Lippen: – Verzeihen Sie …

Neugierig starrte ich sie an.

In der Nacht fragte ich wieder. Den Kopf unter ihrer Achsel vergraben – wir schliefen stets eng beieinander! – lockte ich sie. Mit Zähnen und Zunge.

Ich roch sie. Ich liebte ihren Geruch, atmete tief. Leckte Salz und Schweiß.

– Wer war das vorhin? Kennst du ihn? Warum ist er unsichtbar? Sag. Sprich doch mit mir. Bitte. Hat er … etwas zu verbergen?! Hatte er gar Furcht vor mir?

Sie antwortete nicht.

Lag kerzengerade, hielt mich im Arm und schlief tot wie ein Stein. Zumindest tat sie so!

Ich begann von vorn. Betete ihr eine Litanei, nervtötend:

– Trägt er Haut oder Fell? Geht er aufrecht? Oder auf Pfoten? Wie ist sein Name? Wie nennst du ihn, sagst du Sie oder du?! Woher-

Nein, sie ließ sich nicht erweichen.

Ich geriet in Rage. Bettelte, quälte, trat auch. Winkelte ein Bein an –

– Kind, ist dir nicht gut?

Sie setzte sich mit einem Ruck auf. Strich sich das braune Haar aus der Stirn, schlaftrunken. (Oh, sie spielte perfekt!)

Hustete böse, gähnte. Und sah mich kaum merklich lächlend an. Musterte mich, erstaunt: eine Augenbraue spöttisch verzogen.

– Jetzt sagst du's mir!

– Was habe ich dir denn zu sagen? Mitten in der Nacht. Du träumst wohl, he!

– Wer war –
– Wer war was? Sie unterbrach mich.
– Na der, mit dem du am Nachmittag gesprochen hast!
Dicht schob ich mich an sie heran: legte meinen Kopf auf ihren nackten Bauch.
– Sag's mir, flüsterte ich. Ich verrate dich auch nicht. Ich schwöre! Auch Mama sag' ich –

Da schlug sie mich.
Schlug mit der flachen Hand in mein Gesicht, rechts, links, rechts, links, griff mich hart, und ehe ich noch nach Luft schnappen und mich, vor Schreck und Verblüffung kreideweiß, ihrer erwehren konnte, packte sie mich im Genick.
Sie küßte mich. Biß mich, biß! Und knurrte:
– Frag nicht, sonst freß ich dich. Samt deinem losen Maul!
Sie lachte. Laut; sie hustete.
Und drehte sich und mich herum.

Ich schlief in ihren Armen. Stumm. Ich roch sie: Ich liebte sie. (Wie nie einen Menschen zuvor; und nie einen danach.)

YOKO TAWADA

Die Krankenschwester

An das Gesicht des Arztes kann ich mich nicht mehr erinnern. Ich weiß nur noch, daß die edlen Finger seiner rechten Hand, die einen Aluminiumstift hielt, dicht behaart waren. Seine Sprache war schwer zu verstehen, weil er beim Sprechen oft tief ausatmen mußte. Ich durfte ihn aber nicht merken lassen, daß ich ihn nicht verstand, weil er dann sofort gedacht hätte, ich würde keine medizinischen Fachwörter kennen. Jede Patientin, die seine Sprache nicht verstand, wurde sofort in die ungebildete Klasse eingeordnet, die besonders sorgfältig betreut werden sollte. Das hieß, er hätte mir noch einige Fragen über mein persönliches Leben stellen müssen, um mir helfen zu können. Ich wollte aber sofort in mein Krankenzimmer und nicht länger bei ihm bleiben. Ich bin krank geworden, um eine Krankenschwester kennenzulernen und nicht einen Arzt.

Er schrieb in meine Patientenkarte, daß das Fleisch an meinen Fingerkuppen nicht seine Form behalten könne, wenn es mit einem Gegenstand in Berührung kam. Deshalb sei es notwendig, mich in einen Raum einzusperren, in dem sich keine Gegenstände befinden. Auch meine Fußsohlen verlören langsam ihre Stabilität, wenn sie zu lange mit dem Boden konfrontiert seien. Ich solle im Bett liegenbleiben.

Ihr Krankenhausaufenthalt kann aber lange dauern, sagte der Arzt, und ich hustete heftig, damit er die Freude, die vielleicht in meinem Gesicht zu sehen war, nicht bemerkte. Ich putzte meine Nase und blickte solange aus dem Fenster, bis er das amtliche Formular für mich unterschrieben hatte. Ich setzte meine Unterschrift neben die seine. Jetzt kann keiner mehr sagen, daß ich nur eine eingebildete Krankheit hätte. Ich hatte in meiner Jugend oft die Erfahrung gemacht, daß ein versprochenes Glück, kurz bevor es eintrat, abgesagt wurde. Deshalb setzte ich meine Unterschrift so kräftig, daß das Papier zerriß. Außerdem mußte ich den Stift mit dem Mund führen, weil meine Hände nichts mehr halten durften. Auf meiner Zunge schmeckte es nach Aluminium. Als ich es bemerkte, waren meine Hände schon mit einem Verband umwickelt und zu zwei Klumpen gemacht.

B

evor ich ins Zimmer ging, fragte ich den Arzt, ob ich ein Einzelzimmer bekäme. Weder Bücher noch Briefe brauchte ich dort, aber ich wollte unbedingt mit einer Krankenschwester alleine sein. Weitere Betrachter und Betreuer würden nur mein Glück durch ihre Blicke stören. Ich wollte meine butterweich gewordenen Beine ins Bett packen und so tun, als würde ich nie wieder aufstehen können.

Natürlich bekommen Sie ein Einzelzimmer, antwortete der Arzt. Da fiel mir ein, daß meine Krankheit ansteckend sein könnte.

Haben Sie gedacht, daß Sie mit anderen Patienten zusammen sein würden? Das kommt gar nicht in Frage. Überhaupt ist es der Sinn Ihres Krankenhausaufenthaltes, daß Sie in der Einsamkeit über Ihre Krankheit nachdenken. Wie können Sie sonst gesund werden?

Die Stimme des Arztes wurde immer lauter und strenger, und das störte mich beim Formulieren der nächsten Frage, die mir auch wichtig war.

Werde ich von einer Krankenschwester betreut? fragte ich.

Von einer Krankenschwester werden Sie betreut. Sie sind schließlich nicht die einzige Patientin bei uns. Wenn Sie eine zweite Krankenschwester haben wollen, müssen Sie sofort einen Antrag stellen, antwortete der Arzt, der dann einen Schlüssel aus der Hosentasche zog.

Nein, ich wollte nur sicher sein, daß nur eine Krankenschwester bei mir sein wird und nicht zwei.

Der Arzt machte die Tür auf. Als ich einen Blick in das Zimmer werfen wollte, schob er mich zurück und sagte:

Bevor Sie ins Zimmer gehen, müssen Sie mir noch einmal zuhören. Leider sehe ich Sie nie wieder, und das ist die letzte Gelegenheit für Sie, etwas Vernünftiges zu hören. In dem Zimmer wird Ihnen weder eine Erklärung noch eine Analyse gegeben. Eine trostlose Wiederholung, fast wie eine Liebesbeziehung. Die Krankenschwester bestimmt alles, was mit Ihnen gemacht werden soll, und sogar ich darf ihr nicht widersprechen, selbst wenn ich einmal ins Zimmer dürfte.

Ich freue mich schon auf die kommenden Tage. Auch Bienen kennen keine Demokratie, sagte ich. Der Arzt schaute mich spöttisch an und erklärte mir folgendes:

C

hiragra heißt Ihre Krankheit offiziell. Das bedeutet so etwas wie Handschmerzen und ist lange nicht so gefährlich wie Cholera, zumindest in der christlichen Welt, in der die Medizin sich in eine andere Richtung entwickelt hat als in China. Sie müssen nur eine Zeitlang im Bett bleiben. Das ist alles. „Chirograph“ bedeutet übrigens Handschrift. Chiragra ist eine Krankheit des Chirographen, falls Sie das interessiert.

D

as Zimmer hatte kein Fenster. Es war so dunkel, daß ich nicht wußte, in welche Richtung ich gehen sollte. Als ich mich nach einer Weile auf das Bett legte, schloß der Arzt die Tür ab. Mein Rücken versank in eine weiche, feuchte Matratze, und ich konnte mich nicht mehr bewegen. Die Decke hatte ein dreieckiges Muster. Als ich ein Dreieck lange anstarrte, verwandelte es sich in eine zweieckige Form. Dergleichen hatte ich noch nirgendwo gesehen. Wie war aber eine zweieckige Form überhaupt möglich? In einer Ecke des Zimmers erschien eine Figur: eine Frau, die einen weißen Kittel trug.

Möchten Sie einen Dialog führen, oder möchten Sie nur eine Diagnose stellen? fragte ich sie direkt und deutlich.

Die Frau antwortete nichts. Sie kam schweigend zu mir, knöpfte meine Bluse auf und zog mir dann die Hose aus. Sie nahm mir auch meine Unterwäsche weg, so daß ich zum Schluß nackt im Bett lag. Nur meine Finger- und Zehenspitzen waren mit einem Verband bedeckt.

Ach, Sie sind die Krankenschwester, sagte ich laut.

Die Frau antwortete nichts. Es war auch nicht notwendig, eine Antwort zu bekommen. Sie mußte eine Krankenschwester sein, wenn sie meine Erwartungen erfüllte.

Bald hörte ich ein Wassergeräusch im Zimmer. Die Krankenschwester kam mit einer Schüssel, entfernte den Verband von meinem linken Fuß und wusch ihn mit lauwarmem Wasser. Dabei bemerkte ich, daß einige Zehen krumm geworden waren. Es war mir unangenehm, daß sie meinen kranken Fuß in der Hand hielt und lange betrachtete. Vielleicht erregte mein Fuß bei ihr gar kein Gefühl, und sie hielt ihn wie ein Stück Holz. Ich war nicht die einzige Patientin für sie, wie der Arzt mir gesagt hatte. Der Gedanke, daß sie auch die Füße anderer Patientinnen an dem Tag in der Hand gehabt haben könnte, war mir nicht angenehm. Mir war auch unangenehm, daß meine Schamlippen jedesmal, wenn die Krankenschwester mein linkes Bein heftig hob, ein feuchtes Geräusch machten.

Essen war für mich immer eine einsame, aber faszinierende Tätigkeit des Tages gewesen. Ich wußte aber nicht, daß ich mit einer anderen Person zusammen diese Faszination steigern konnte, und zwar dadurch, daß ich eine absolut passive Rolle spielte.

Die Krankenschwester steckte mir einen Löffel in den Mund. Ich spürte zuerst die kalte Metalloberfläche des Löffels auf der Zunge, und dann schmeckte es nach den mit Zucker gekochten Karotten.

Warum kochen Sie Karotten mit Zucker? fragte ich, ohne eine Antwort zu erwarten.

Ich hatte schon längst gemerkt, daß die Krankenschwester niemals redete. Außerdem muß ich zugeben, daß meine vorwurfsvolle Frage ungerecht war. In der Tat brauchte ich Zucker. Mir schmeckte das Gemüse plötzlich so bitter, daß ich es ohne Zucker wahrscheinlich gar nicht hätte essen können. Aus meinen Augen liefen Tränen, als ich ein Blatt Spinat im Mund hatte. Der Spinat war zwar mit Honig gekocht, aber er schmeckte immer noch zu bitter.

Die Krankenschwester wischte die Tränen aus meinen Augen und steckte mir eine Milchflasche in den Mund. Aus der Flasche kam Essig mit Estragon. Ich wurde wieder ruhig.

Spaghetti zu essen, machte mir besonders viel Freude: Die Krankenschwester nahm eine Nudel in den Mund und fütterte mich wie einen Vogel. Ich versuchte, das weiße dünne Ende zu essen, aber es tanzte elegant in der Luft und ließ sich von meinen Lippen nicht fangen. Das Gesicht der Krankenschwester war mit Tomatensoße beschmiert, mein Gesicht wahrscheinlich auch, und weil es im Zimmer dunkel war, hatte die Soße fast die Farbe von Blut. Ich wurde schnell satt, ohne viel gegessen zu haben.

Furchterregend war die Abwesenheit der Krankenschwester für mich. Als sie zum ersten Mal das Zimmer verließ, versuchte ich noch, das Alleinsein zu genießen. Mir fielen Wörter wie Freiheit, Flexibilität oder Frieden ein, aber sie gaben mir keinen Mut. Ich lag wie gefesselt, nicht weil ich mich nicht bewegen konnte, sondern weil für mich eine Bewegung keinen Sinn mehr hatte. Bevor ich in das Krankenzimmer eingeliefert worden war, hatte ich bei einer körperlichen Bewegung niemals nach einem Sinn gesucht. In diesem Zimmer mußte aber jede meiner Bewegungen von der Krankenschwester registriert und zugleich ignoriert werden. Wenn sie im Zimmer war, rutschte ich auf meinem Bett hin und her, obwohl jede Bewegung meiner Gesundheit noch mehr schadete. In ihrer Abwesenheit wußte ich aber nicht, was ich tun sollte.

Außerdem hatte ich Angst, daß meine Abhängigkeit eines Tages plötzlich zu Ende sein könnte, was für mich das Ende des Glücks bedeutete. Ich rief mehrmals ihren Namen, damit ich nichts denken mußte. In diesem immer halbdunklen Zimmer konnte ich nicht wissen, wann es Tag und wann es Nacht war. Ich wußte deshalb auch nicht, ob die Krankenschwester in regelmäßigen oder willkürlichen Abständen das Zimmer verließ. Es fiel mir schwer, in dieser absoluten Abhängigkeit den Zeitraum ihrer Abwesenheit zu überbrücken. Ich konnte kein Buch lesen und keinen Brief schreiben. Das waren die einzigen Methoden, die ich kannte, um die Abwesenheit einer Person auszuhalten.

G

elegentlich kam die Krankenschwester ins Zimmer mit einem Gefäß aus weißem Porzellan. Sie spreizte meine Beine und schob das Gefäß unter mein Gesäß. Meine Bauchmuskeln wurden hart bis in die Eingeweide. Eine peinliche Stille herrschte im Raum. Die Krankenschwester streichelte die Innenseiten meiner Oberschenkel, die sich nach und nach erhitzten.

Lassen sie das. Ich kann nicht, sagte ich leise.

Ich wußte, daß die Krankenschwester mir niemals eine Antwort geben würde, aber ich mußte manchmal laut sprechen, besonders wenn ich keine Stille mehr ertragen konnte.

Plötzlich klopfte die Krankenschwester leicht an die empfindlichste Stelle meines Unterkörpers. Gegen meinen Willen floß eine Flüssigkeit aus mir heraus und schlug kräftig auf das Weiß des Porzellans. Ich schloß die Augen. Es roch im Raum nach dem Vertrauten. Die Krankenschwester stellte das Gefäß unter das Bett und fing an, die Stelle sorgfältig mit einem feuchten Tuch abzuwischen.

H

erb schmeckte es auf meiner Zunge, wenn die Krankenschwester meine Ohren sauber machte. Die Brustspitzen wischte sie gerne mit einem rauhen Tuch, bis sie hart wurden. An den ersten Tagen schämte ich mich noch, daß ich überhaupt gereinigt werden mußte. Dann versuchte ich, möglichst schmutzig zu werden, weil sich die Krankenschwester dann länger mit mir beschäftigte. Es war die einzige Aufgabe meines Lebens, sie zu beschäftigen. Es war aber nicht einfach, in einem sterilisierten Krankenzimmer schmutzig zu werden. Wenn ich zum Beispiel ein Honigbrot zu essen bekam, war es für mich eine große Chance: Beim Essen schüttelte ich heftig den Kopf, so daß das Brot schließlich auf meinen Bauch fiel und sich der Honig auf meiner Haut verteilte. Je länger die Krankenschwester versuchte, den Honig wegzuwischen, desto stärker klebte der Honig an den verschiedensten Stellen meines Körpers.

Einmal, als ich ein Marmeladenbrot auf den Bauch fallen ließ, schlug mich die Krankenschwester auf die Wange. Plötzlich wollte ich sie kräftig an mich drücken. Das war das einzige Mal, wo ich eine aktive Rolle spielte. Ich hob meine Arme und zog ihren Kopf zu mir heran, bis ihre Lippen die Haut meines Bauches berührten. Meine Arme hatten aber nicht genug Kraft, um ihren Kopf länger festzuhalten. Mühelos entfernte sie sich von mir und verließ das Zimmer. Seitdem hatte ich nicht mehr die Kraft, meine Arme höher als bis an meine Ohren zu heben.

I

nterniert zu sein, ist noch qualvoller, als von einem Internisten behandelt oder interviewt zu werden. Ich erinnerte mich oft an die Begegnungen mit allen möglichen Menschen. Sogar das Gespräch mit dem Arzt kam mir vor wie eine schöne Erinnerung. Er konnte wenigstens meine Krankheit benennen. Jede Begegnung war besser als die Abwesenheit der Krankenschwester. Als ich das dachte, kam sie ins Zimmer herein. Sie hatte einen Injektionskasten in der Hand. Ich sah mehrere Spritzen darin, als sie ihn wie ein Geschenkpaket öffnete. Die Injektionsflüssigkeit hatte eine dunkelrote Farbe.

Sie entfernte den Verband von meiner rechten Hand und gab mir eine Spritze zwischen Zeigefinger und Mittelfinger. Die leicht verrostete Injektionsnadel wollte nicht in mein Fleisch eindringen. Dann blieb sie dort lange, weil die Flüssigkeit so dick war wie Blei. Die Krankenschwester hielt meine zitternde Hand fest und setzte die zweite Spritze zwischen Mittelfinger und Ringfinger, wo die Haut besonders dünn ist. Aus meinem Hals kam ein kurzer Schrei. Mein Gesicht dagegen versuchte freundlich zu lächeln, damit die Krankenschwester nicht aufhörte zu spritzen. Sie gab mir die dritte Spritze zwischen Ringfinger und kleinen Finger. Jetzt sahen alle Finger blaß und faltig aus. Die Schmerzen drangen durch das Fleisch bis in die Knochen. Dann packte die Krankenschwester die Spritzen in den Kasten und verließ das Zimmer.

J

eden Tag überlege ich mir neu, ob ich das Zimmer verlassen und selbst eine Krankenschwester werden sollte. Es fällt mir aber doch schwer, mich vom Glück einer Patientin zu trennen.

JUTTA HEINRICH

Erinnerte Räume – erinnerte Klänge

Höre ich nur ein einziges Klavierstück, das meine Mutter gespielt hat, werde ich auf der Stelle wieder Kind, hocke am Ende eines riesigen Raumes auf einer Treppe, versinke als ein hörendes Nichts in den Anschlägen, Tönen, die auffliegen, flirrend und wiegend sich in der Höhe sammeln, in Girlanden, Spiralen, Ellipsen und bebenden Geraden aufeinander zurasen, sich wieder trennen, ausschwirren – und als Herzklopfen zu Boden fallen.

Und gleich wieder die nächste Flutwelle virtuoser Anschläge, wilde Notenschwärme, die aus dem Flügel ausbrechen, eine Brandung aus Klängen, die mich hochhebt: ich, ein Fixstern am Rande des Lebens, außerhalb der Zeit, des Körpers, der nichts ist als eine einzige Träne.

Erst viel, viel später las ich ein paar Zeilen, die mich aus dem Vorwurf der Sentimentalität entließen: „Ich kann keinen Unterschied machen zwischen den Tränen und der Musik." Das sagt Nietzsche, und E. M. Cioran denkt weiter: „Alle wahre Musik entspringt dem Weinen, da sie aus der Sehnsucht nach dem Paradies hervorgeht."

Ist es vielleicht das Paradies im Leib der Mutter? Und heißt über Musik fühlend sprechen und nachdenken immer: eine nicht endende Reise zurück?

Eine Reise in den Anfang?

Und ist der anfänglichste Anfang deswegen der Anfang, weil er das Ohr ist?

Das Ohr, ein Hören: das Auge des Herzens?

Kurz vor der Geburt ist es das Ohr, das alle Sinnesreize aufnimmt, ein Mysterium an Hör-Erinnerung schafft, und noch sind wir eine Einheit, wenn auch eine bedrohte, und nicht gespalten durch das aggressive Sehen, dem wir alles unterordnen. Hat das Ohr nicht ganz ursprünglich mit Poesie zu tun, einer Poesie, die erwächst aus dem Ungewissen, die zwingt, Bild um Bild umzubringen, um in den Ahnungen, den Vorstimmen anzukommen, in undeutbaren Klangbildwelten, einem Styx des Sehens, der lockt und zieht, sich immer neue Bilder zu schaffen, die niemals mehr sind als eine Ähnlichkeit, ein Lächeln aus dem Vorleben?

Eine wundersame Täuschung also, die uns gefangennimmt, solange die innerste Verbindung bleibt als Nabelschnur zum Hören, zum Ohr, das vor dem Sehen und Sein Nachtwache hält vor dem Ertrinken in einer Unterwelt? Ist das der Grund, warum ich nur etwas über Musik sagen kann, was ich nicht weiß?

Und vielleicht ist mein Schreibenmüssen auch der Versuch, tiefer einzudringen hinter das Unbekannte des Verstandes, und deutet dieser Versuch nicht immer nur auf etwas hin – denn scheinbar angekommen, löst es sich auf in den Strudeln der Hörflut.

Und wie lange vor meiner Zeit?

Meine Kindheit ist ein großes, efeubehangenes Haus, ein verwunschener Park, ein Teich mit Schwänen und Enten, ein himmlisch glänzender Flügel in der Mitte eines getäfelten Raumes, davor meine Mutter, Stunde um Stunde versunken im Blick auf die Noten, verschwunden in Chopin, ihrem Lieblingskomponisten, Bartók, Bach, Bruckner, Haydn, Händel und Satie.

Sie war fern, fern – und doch in mir, und bis heute verwechsle ich Sehnsucht mit Dasein.

In einer existentiellen Krise, nach der ersten Atomkatastrophe in Harrisburg, schrieb ich in einem Buch, nicht wirklich wissend, was ich hier sagte: „Aber gleich darauf wechselte die Stimmung, ich wurde angstlos und beinahe fliegend, es war eine Reise auf dem Kamm des Windes, ich hörte selbst mein

Herzklopfen, das von außen in mich drang und in Form eines Klaviertones zu hören und zu fühlen war; immer mehr Töne kamen herüber und bewegten mein Innerstes, und bald wurden die Noten eines ganzen Klavierstückes zu meinem Herzschlag.

Ich blickte den Klängen nach, verfolgte sie sehnsüchtig und sah hinter einem dürren Baum meine Mutter auftauchen. Ein Luftzug bewegte ihr langes helles Kleid, das sich wehend und sacht mit den Akkorden, die jetzt immer lauter wurden, in die Höhe hob.

Wenn die Äste stillstanden, konnte ich ihr Gesicht sehen, das äußerst angestrengt wirkte, und ihrer ganzen Haltung war anzumerken, daß sie mit aller Kraft spielte, um mich herüberzuholen. Selig taumelnd begann ich, mich diesen Akkorden anzuhängen; wie an einem Seil, das mich Ton für Ton aus der Tiefe zog, sehnte ich mich hinüber in das Land, welches ich hinter ihr ahnte: Friedlichkeit, ein Kosmos der Seele.

Die Atmosphäre verlor langsam ihr Licht, überall sank es zu Boden und verlöschte. Eine bebende Finsternis wuchs von allen Seiten hoch, und ich tastete blind nach den Akkorden, die in der Luft standen, gehalten von ihrem Klang, und rief und rief wieder, verlor aber immer schneller den Weg auf den Tönen, irrte den einzelnen Klängen nach, bis ich auf einmal einen Gegenstand in den Händen hielt, den ich sofort wiedererkannte.

Die fürchterliche Finsternis füllte sich endlich mit Tönen, die sich augenblicklich im Verklingen in einen Gegenstand verwandelten, der durch das Dunkel flog und mir – in Form einer Puderdose, eines Ringes, einer Haarklammer, einer Kette, Perlen einer Kette, einer Tablette, eines Schuhs – den Weg wies, dem ich eilend Klang für Klang nachhastete, bis ich endlich in dem großen Klangkörper des Flügels zusammenbrach und auf den Tönen einschlief, weich und wunderbar."

Vor Jahren entdeckte ich in einer Phase, in der ich überhaupt keine Klassik hören konnte, György Ligeti und den italienischen Klangegomanen Giancinto Scelsi. Ein erster geglückter Fluchtort, an dem ich mich lange und erregt suchend aufhalten konnte.

Meine versuchte Reise zurück in mein Verhältnis zur Musik, das wirklich keines ist, sondern ein Zustand, ist zuallererst genauso stark eine Ablehnung der Musik, mit der ich größer wurde. Sicher ist es zwangsläufig, daß ich die traditionelle Musik später immer als eine schmerzliche, ratlose Bevormundung des Gefühls empfunden habe. In dem Buch *Das Geschlecht der Gedanken* schrieb ich: „Ich kam mit großen Ohren auf die Welt und hatte ein empfindsames Gehör, wachsam und argwöhnisch, das vom Ende eines Lebens ...“, und später „... erst nach Jahren stellte ich fest, zu welch unerhörtem Instrument sich meine Ohren ausgewachsen hatten, gleich einem Abhörgerät, einem Seismographen, entging ihnen nicht das zarteste Geräusch, ob Fleisch gegen Fleisch, Atem an Atem, eine Heftigkeit des Augenaufschlages, Gelenke, deren Knöchel knackten, Finger, die tasteten, streichelten oder kniffen. Dabei vermochte ich jedes unwichtige Geräusch abzutrennen, wie das Wedeln unserer Tannen vor dem Haus, das stetige Rascheln der Blattranken, Regen oder das Sammeln des Windes an der Mauerfront. Obgleich ich nicht ein einziges Mal meine Ohren an die Wand legte, waren meine Eltern an meinen Kopf angeschlossen, geisterhaft überkamen mich Bilder, die fortwährend über die Ohren, über den Kopf, vor die Augen fielen ...“ Das Buch ist nicht autobiographisch, aber diese Sätze sind als unbewußte Bilder hereingerutscht. Ich muß meine unendlich viel klavierspielende Mutter auch gleichzeitig als eine Eingeschlossene erlebt haben, die ihre überragenden Fähigkeiten in Wehmut von sich spielte.

Sie war eine temperamentvolle, geistreiche, gewandte, begabte Frau, die ein Malstudium an einer Akademie in Berlin absolvierte. Und was malte sie? – Blumen. Es war die Zeit, in der Malerinnen kaum eigene Ausstellungen haben durften, und verkauften sie ein Bild, mußte der Ehemann zum Kassieren kommen. Von einem geschützten, großbürgerlichen Haus heiratete sie in ein anderes. Sie war ganz jung, als ich geboren wurde. Ganz sicher war sie zum Platzen voll mit Wünschen nach Leben, nach Kreativität, nach Erweiterung des Denkens und Grenzüberschreitungen.

Diese Musik, die in solch hochwohlfeinen Häusern gespielt wurde, war geradezu Inbegriff der Harmonie, eine Anordnung von Harmonischem, die in diesen Gehegen in allen Lebens- und Umgangsformen anschaulich zu werden hatte. Notgedrungen wurde die Musik als ein Heilmittel empfunden, eine nicht-medikamentöse Behandlung gegen das erregte Herz und den Verstand, der sich nicht fügen wollte. Die Musik war eine Entgrenzung, bei der die Strafe nicht von außen kam.

Die Gespräche über Kunst ersetzten jede Intimität, überdeckten die Gefahr von Unbotmäßigkeit, die Gefahr eventueller hysterischer Ausbrüche, von denen während der Soireen hinter vorgehaltener Hand geflüstert wurde.

Und meine Mutter war dem Erhabenen, das Männer schufen und groß und berühmt damit wurden, um einige Noten an Sehnsucht näher, sie durfte sie spielen, sie auslegen, in Augenblicken des Außer-sich-Seins sich ihnen annahern. Und sich vergessen!

Immer war das große Haus voll mit Gästen, die dezent parlierten, die Männer in Grüppchen, die Frauen in Grüppchen, würdevoll Gläser umhertragend, die Männer ähnelten den Genies, die gleich gespielt werden würden, und die Frauen waren gebildet und fähig, die puritanische Erhabenheit im Charme zu spiegeln. Und dann spielte sie mit der gezügelten Macht einer reizvoll Wohlerzogenen; die Frauen wachten beflissen über jede Note, die Männer nickten in ihren strengen Anzügen ein.

Sie, ja sie, war ausersehen, sich dem Meister in gekonnten Läufen zu nähern, ihr war es erlaubt, nicht für die Gäste kochen zu müssen. Ihr erlesenes Hauptgericht, das alle begeistert zu loben bereit waren, bestand aus Noten, die ein genialer Komponist als Gewürze zur Verfügung gestellt hatte. In einer immer tieferen Verleugnung der eigenen Fähigkeiten konnten die Finger, die Hände, die Körper allmählich würdig werden, die Einzigartigkeit des Meisters zu übertragen, dabei schützte die Musik wie ein Fieber.

Der Schmerz, als Frau nicht wirklich in der Welt gemeint zu sein, nicht wirklich adäquat vorzukommen, muß doch beim Spielen dieser Musik besonders unaushaltbar deutlich werden, denn die klassische Musik reißt die Seele der Welt auf, zieht in die Tiefe der Wünsche, da rettet keine auferlegte und kontrollierte Gesellschaftsschranke. Meine Mutter hatte in dieser bürgerlich komplizierten Fuge den richtigen Anschlag, mit dem sie sich in melancholischen Trost hinüberspielte.

E. M. Cioran sagt: „Nur die Musik gibt uns endgültige Antworten." Aber vielleicht doch nur, weil wir in der Musik eine herzzerreißende Schwebe des Fragens länger aushalten – und auf Antworten verzichten?

Erst durch meine Überlegungen zur Musik ahne ich, warum ich mich nicht verwehren kann, momentan allgemein zu fühlen und zu denken; durch sie – meine Mutter – muß ich auch einen tiefen Schock darüber erfahren haben, wie gerade und besonders die gesellschaftlichen Verfeinerungen, die Musik, das damals so erhöhte und tabubesetzte Private in eine sprechende Stummheit führt.

Weil sie so gegen sich erzogen war, daß jedes Gefühl wie ein Brillant geputzt und geschliffen wurde, bis es mich oder andere erreichte, entstand eine Distanz, eine Erotik, die mich immer zu entschiedenen Gefühlen aufrief. Sie war, wie alle echten Damen, zeitlebens eine Schattenkämpferin gegen sich selbst, ich aber wurde zum Falken auf ihrer klavierspielenden Hand.

Ralph Rothmann hat einen ungeheuren Satz geschrieben: „Die Zeit, wieviele Menschenalter sie auch dauern würde, war zu kurz. Es ist die Sehnsucht der Verstorbenen, die an uns zerrt, ihre Liebe macht uns die Dinge vergänglich." Und liegt nicht in dieser übertragenen Sehnsucht eine Aufforderung, ein Auftrag?

Nur meiner Mutter habe ich zu verdanken, daß für mich Musikhören und Suchen immer eine reizvolle Gefahr geblieben ist, erwischt mich aber die Fülle eines Komponisten, eines Stückes, erlebe ich sofort einen Realitätssturz, der Leben und Tod in einer zitternden Annäherung anhält, ein kontemplativer Stillstand, der alle Zeit schluckt.

1945 flohen wir aus der Heimat, die heute wieder offen ist.

Es war das Ende aller Musik. Meine Mutter rührte in der sogenannten grausamen Fremde niemals mehr ein Klavier oder einen Flügel an. Ich bilde mir sogar ein, daß keine Gespräche mehr darüber stattfanden, zu schmerzlich muß ihre Armut und Verlorenheit gewesen sein. Selbst der innere Besitz wurde Trauer, das Dasein – Heimweh.

KARIN RICK

Das Konzert

CELESTE ruft mich in der Redaktion an, ob ich ihre Karte für das Galakonzert in der französischen Botschaft schon habe. Nein, der Tag wäre so hektisch gewesen.

Sie ist ungehalten. „Dann sag mir das bitte bald. Die Nummer meines Autotelephons hast du ja."

Ich ergattere noch eine Karte, rufe Celeste zurück, aber das Autotelephon „leitet mich um" – zu ihrem Anrufbeantworter zu Hause. Ich fühle mich unbehaglich. Hoffentlich hört sie die Nachricht rechtzeitig ab. Ich biete ihr an, knapp vor acht Uhr beim Eingang auf sie zu warten.

Celeste, angenehmste Teilnehmerin eines Führungskräftetrainings vor einem Jahr. Sanft, verständnisvoll, Psychologin, ihr Blick der eines Rehleins, süßer Schmollmund. Karrierefrau mit dem Hang, sich verheiratete Männer als Liebhaber auszusuchen. Zwischen ihr und mir liegen Welten. Sie ist streng katholisch, sonntägliche Kirchengängerin. Frauenliebende Frauen wie ich wirken exotisch auf sie. Dennoch ist sie anfangs eine einfühlsame Zuhörerin meiner Gefühlskalamitäten gewesen. Ihre Toleranz hörte auf, als ich sie in mein Milieu mitnahm, zu einem Filmfestival, an dem nur Frauen teilnahmen. Sie stand, während der Film lief, auf einmal auf, das Gesicht ohne Vorwarnung zu einer ärgerlichen Grimasse verzogen, und ging kommentarlos davon. Am nächsten Tag sagte sie, man könnte solche Filme nicht als Kunst bezeichnen, staatliche Fördergelder wären daran vergeudet. In ihrer Stimme war etwas Unbeherrschtes, Verächtliches, das ich noch nicht kannte. Ich schwieg. Es kostete mich von nun an Überwindung, sie so oft wie gewohnt anzurufen. Eines Tages stellte sie mich zur Rede. Sie käme sich als Lückenbüßerin vor. Sie wolle eine intensive Freundschaft, häufige Treffen, aufeinander bezogen sein.

Ich sagte reumütig zu. Wir gingen zu einem jüdischen Liederabend. Ich genoß die Lieder aus Osteuropa, die anheimelnd und schwermütig sind, konnte jedoch eine kühle Atmosphäre zwischen Celeste und mir wieder nicht verhindern. Ich war angespannt und mißtrauisch, ich fand manche ihrer Bemerkungen unpassend und wagte nicht, dies auszusprechen. Die Frau neben uns in der Sitzreihe, die offensichtlich auf jemanden wartete und deshalb öfter vor unseren Füßen hin und her tanzte, ohne sich dafür zu entschuldigen, paßte Celeste nicht. Die wäre, meinte sie, das Beispiel der absolut arroganten, hochnäsigen Jüdin.

Ich empörte mich innerlich gegen Celestes Abneigung. Aber ich äußerte mich nicht dagegen, aus Angst, einer Freundin gegenüber zu radikal zu sein. Die Kälte, die ich ihr gegenüber nun empfand, und der Ärger über meinen eigenen Mangel an Mut umgaben mich wie ein Panzer. Ich hielt mich zurück, warum eigentlich? Konfliktscheu? Angst vor einer kalten Retourkutsche, vor ihrer professionellen, in vielen Seminaren erlernten Art, Standpunkte zu vertreten? Befürchtete ich, wieder einmal als „übersensibel“ angesehen zu werden?

Ich war bei der Heimfahrt schweigsam. Celeste äußerte den Wunsch, auch zu dem Galakonzert der französischen Botschaft mitzugehen. Ich solle ihr Karten besorgen. In meiner Position würde mir dies ein leichtes sein. Ich nickte ohne Überzeugung.

II

MARIE-CLAIRE DUVAL, Leiterin des österreichisch-französischen Kulturaustausches, ist am Apparat und teilt mir mit, daß auch sie zu dem heutigen Galaabend kommen werde. Marie-Claire, eine langjährige Freundin. Zu Beginn dieses Sommers habe ich mich in sie verliebt. Es klappte nicht mit uns. Sie war von der Schnelligkeit überrumpelt, mit der sich die Annäherung ereignet hatte, rief oft tagelang nicht an. Ich war darüber gekränkt. Meine frühere Geliebte tauchte wieder auf, ich ließ mich von ihr umwerben. Ich stand zwischen zwei Frauen und konnte dies nicht genießen.

Am Höhepunkt der Turbulenzen bot mir Marie-Claire wieder eine Freundschaft an. Ich stimmte zu, ohne es ernst zu meinen. Wenig später hatte sie eine andere Frau gefunden. Durch eine Andeutung über eine schön verlaufene Reise hatte ich es herausgefunden, sie nicht weiterreden lassen. Ich wollte nicht wissen, daß es ihr mit einer anderen gut ging. Ihr zuzuhören, wie sie mir ihr Glück beschrieb, wäre nicht zu ertragen gewesen. Wir trafen einander weiterhin untertags, weil unsere Arbeitsstätten nahe beieinander lagen, aber unsere Gespräche berührten nie mehr unsere Gefühle. Ich vermied es, an Orte zu gehen, wo sie mit der Neuen, die ich vom Sehen kannte, auftauchen könnte. Ein Fest allerdings konnte ich nicht vermeiden. Sie erschien mit ihr, sie küßte sie, ohne daran zu denken, wie es mir bei diesem Anblick gehen mußte. Ich drehte mich weg und biß die Zähne zusammen. In unseren Unterhaltungen schwieg ich dieses Ereignis tot.

Das Telephongespräch mit Marie-Claire ist unerwartet innig. Ihre Familie würde heute abend auch anwesend sein. Ich würde ihre kleine Schwester kennenlernen. Die ist spießig, sagt sie, du darfst nicht geschockt sein. Ich verspreche es. Nachher geht es mir gut. Es ist, als existierten nur wir beide und ihre neue Liebhaberin gäbe es nicht.

III

PETRA, die Busenfreundin, kommt um sechs Uhr abends zur Bürotür herein. Wir gehen vor dem Galakonzert essen. Ich spreche von meiner Angst, Marie-Claire, trotz des schönen Gesprächs von vorhin, heute in Begleitung der neuen Geliebten Ute zu sehen.

„Die hat sich positiv verändert, diese Ute, mit ihrer neuen Frisur", sagt Petra arglos.

„Sie ist häßlich."

„Nur weil du eifersüchtig bist ..."

„Kein Wort mehr über sie."

„O.k., diese Ute ist völlig uninteressant."

„Danke", sage ich befriedigt.

Wir kommen zur Botschaft. Die Karten für das Konzert werden schon unten im Freien, vor dem Eingang, abgerissen. Zu blöd. Ich habe keine Lust, in der Kälte auf Celeste zu warten. Ich beschließe, erst kurz vor acht wieder hinauszugehen, um sie zu suchen.

Wir belegen die Plätze in der ersten Reihe seitlich der Bühne, in einem rechten Winkel zu den Sitzen, die den Ehrengästen vorbehalten sind.

Wir promenieren, stehen oberhalb der breiten Treppe am Geländer und beobachten, wie die Besucher langsam hinaufkommen. Der Saal füllt sich.

Ich gehe bald von diesem Geländer weg, von dem aus ich alle, die sich dem Saal nähern, sehen kann, denn ich habe Angst. Sie schnürt mir die Kehle zu und verursacht ein Kribbeln und Stechen im Magen. Ich spüre mit deutlicher Gewißheit, daß Marie-Claire heute nicht allein kommen wird. Ich sage dies Petra, meinem Felsen in der Brandung, die daraufhin meint, daß sie mich beschützen werde.

Ich drücke ihren Arm. Ich fühle mich bei dem Gedanken an Marie-Claire, die mit Ute auftauchen könnte, wie in einem Raum ohne Wände, ohne Halt, vom Wind geschüttelt. Ich fühle mich nackt, ausgesetzt, als ob ich meiner Sinne nicht mehr mächtig wäre, von vorneherein, noch bevor das Ereignis passiert.

Es ist Zeit, Celeste am Eingang zu suchen. Petra und ich laufen die flach und weitläufig angelegte Treppe mit ihrem prunkvollen, roten Läufer wieder hinunter, und ich sehe Marie-Claire unten bei der Garderobe stehen. Und ich sehe, daß sie tatsächlich nicht allein ist, sie ist in Begleitung von Ute, und beide gehen gemächlich, wie in Erwartung eines großen Ereignisses, die Treppe hinauf auf mich zu. Ich werde von Panik erfaßt, Panik, entdeckt zu werden, in meiner Verletztheit, meiner Wut. Panik, daß ich nun wirklich wie ein Tennisball in der Luft umhergeworfen werde.

Ich sehe Marie-Claire, und ich sehe, daß sie wunderschön ist. Sie kommt näher, und mit jedem ihrer zeitlupenartig langsamen Aufwärtsschritte wird sie schöner. Sie ist schwarz und rot, schwarz gekleidet, und ihre schwarzen Haare und der schwarze Kohlestift unter ihren Augen leuchten, wie sie noch nie geleuchtet haben, und ihre Lippen sind blutrot geschminkt. Die Frau an ihrer Seite hat sich ebenfalls fein angezogen, ein Stachel in meinem Fleisch. Meine Augen treffen Marie-Claires Augen, und ihr Blick hat zusätzlich zu den blutroten Lippen, zu dem leuchtenden Schwarz ihrer Schminke etwas Gelöstes, Zärtliches, Glückliches. Ich bilde mir ein, daß es deshalb ist, weil sie mit Ute unterwegs ist, nicht aber, weil sie mich sieht, mich, streng elegant in ein hellbeiges Sakko gekleidet und damit den Kulturbetrieb hier repräsentierend.

Ich sehe sie, eben aus dem Bett aufgestanden, mit dieser unscheinbaren, blassen Ute, und impulsiv ist in mir die Ab wehr gegen diese Frau, die ihr Leben jetzt mitbestimmt, das Rennen gemacht hat.

Ich kann nicht anders handeln, als ich es von nun an tun werde, es ist stärker als ich. Es geschieht mit mir. Mein Handeln ist „viscéral", wie die Franzosen sagen, „aus den Eingeweiden kommend". Ich warte den Augenblick ab, in dem beide auf gleicher Höhe sind wie ich, und in diesem Augenblick bleibe ich NICHT stehen, wie es sich gebühren würde, da Marie-Claire und ich uns so gut kennen und vor zwei Stunden noch mit einem scheinbaren Verständnis für die andere telephoniert haben. Ich halte nicht inne, werfe ihr statt dessen im Vorbeigehen einen saloppen Gruß hin, als ob sie die Nachbarin von nebenan wäre. „Hallo, Duval“, sage ich leger, und das „Duval“ ist mit unverschämter Burschikosität hingesagt, den Arm habe ich leicht zum Gruß erhoben. Obwohl wir zufällig alle vier auf einem Treppenabsatz zusammengekommen sind, gehe ich weiter. Ich laufe leichten Fußes die Treppen hinunter, ohne die Frau neben ihr eines einzigen Blickes gewürdigt zu haben, und nachher breche ich beinahe zusammen, ich zittere am ganzen Körper.

„Du hast es jetzt überstanden“, sagt Petra.

„Ja, aber ich habe die andere nicht gegrüßt.“

„Das macht nichts.“

„Das ist ein Verbrechen.“

„Nein, ist es nicht, ein bißchen mehr Souveränität, Madame! Du brauchst ja nicht eine jede zu grüßen, die dir über den Weg läuft. Wer stellt denn hier die Spielregeln auf? Du hast sie nicht gegrüßt und damit basta.“

„Was wird sie sich von mir denken?“

„Sie wird dich für arrogant halten, das wirst du aushalten können.“

Beim Eingang. Ich habe die Karte für Celeste vorhin beim Portier hinterlassen. Sie ist noch immer nicht gekommen, ich will die Karte noch schnell verkaufen, da sehe ich Celeste in der Menge, eile auf sie zu.

„Da bist du ja endlich.“

Sie ist beleidigt, ich weiß nicht wieso. Sie schnappt mir die Karte aus der Hand, ohne ein Wort zu sagen.

„Was ist mit dir los?“

„Ich kann dir nur eines sagen, es reicht mir jetzt.“

„Aber was denn?“

„Hier hast du das Geld für die Karte.“

Sie kramt in ihrer Tasche und reicht mir zwei Banknoten, die ich entgeistert entgegennehme. Ihr Verhalten ist so bedrohlich, daß sich die Muskeln meines Hinterns unwillkürlich zusammenziehen. Ihr Blick ist der des Scharfrichters vor der Exekution. Welches Kapitalverbrechen habe ich begangen? Ich sehe ihr an, daß sie mir das Geld am liebsten ins Gesicht knallen würde. Da das nicht geht, macht sie zerfahrene Bewegungen, ihr Engelsgesicht, umrahmt von kastanienbraunem Haar, ist zu einer Fratze verzerrt, der liebliche Mund, der mir schon so oft saftige Abschiedsküßchen gegeben hat, verkniffen. Sie rauscht an Petra, die perplex zurückprallt, vorbei.

„Also, was hast du", frage ich noch einmal.

„Hier ist wohl nicht der Moment", sagt sie von oben herab.

Hat sie meinen Anruf nicht erhalten, hat sie geglaubt, ich ließe sie hängen, oder ist sie wütend, weil sie zehn Minuten warten mußte? Alles beides rechtfertigt diese Kaltschnäuzigkeit nicht. Will sie nun endgültig mit mir abrechnen? Hat sie nur auf einen Anlaß gewartet, mich so richtig abzukanzeln, von oben herab zu behandeln, mir Schuldgefühle einzujagen, wofür weiß ich nicht, es sei denn, ich habe sie generell zu wenig lieb gehabt?

In diese Verwirrung hinein platzt der französische Botschaftssekretär, der mir seinen Begleiter, einen Beamten des Außenministeriums, vorstellt. Beide wirken wie ein heimliches Liebespaar. Der Österreicher ist nicht ganz so vornehm und bis ins kleinste Detail gestylt, ja, an ihm ist etwas Emporkömmlerisches, Unechtes, er ist die Imitation des Franzosen. Mit seinen schweren Lidern und dem glatten, ausdruckslosen Gesicht wirkt er wie ein Verschnitt von Robert Mitchum.

Ich gehe nun zwischen den beiden Männern die Treppen hinauf, Celeste, ein Vulkan vor dem Ausbruch, hinter uns, Petra neben mir und oben steht – nächster Schock – die französische Botschafterin.

Die beiden einzigen, kurzen Unterredungen mit dieser Frau endeten in meiner heimlichen Bereitschaft zur völligen Auflösung meiner Grenzen, in einem Aufruhr, dessen Heftigkeit dem kühnen Schwung ihrer knallroten Haare gleichkam, ja vielleicht von diesen inspiriert wurde. Die Botschafterin, mit der ich Gott sei Dank beruflich nur am Rande zu tun habe, die ich, ohne sie wirklich zu kennen und trotz aller Gerüchte und Beschwerden über ihre Unberechenbarkeit, ihre Launen, fabelhaft finde. Da steht sie, direkt vor dem Treppenabsatz, im Gespräch mit einer dunkelhaarigen Frau, die neben ihrer energiegeladenen Erscheinung verschwindet, erkennt mich, grüßt mich. Ich gebe ihr die Hand, verzaubert.

„Madame l'Ambassatrice ..."

„Frau Doktor. Nächste Woche möchte ich Sie gerne sehen ..."

„Ja", sage ich, und wiederum „ja" und kann ihr Gesicht mit den herben Zügen, rothaarig feurig umrahmt, von der Nähe betrachten. Und sie:

„Haben Sie auch Kontakte zu anderen österreichischen Medien?"

„Ich habe morgen ein Treffen."

„Ich wäre Ihnen dankbar, wenn Sie mich wissen ließen, wie die Stimmung ist."

Ich strahle sie an.

Die schöne Chefin über ich weiß nicht wieviele diplomatische Bedienstete will mich nächste Woche sehen! Ich gehe wie eine Traumwandlerin in den Saal, in dem irgendwo – wo, weiß ich nicht und will ich nicht wissen – Marie-Claire mit ihrer Dulcinea sitzt, und in dem Celeste, mein zweites Unheil heute, ohne auf mich zu warten, eigensinnig einen Platz sucht.

„So sag deiner Celeste, daß wir längst einen Platz reserviert haben, damit du sie etwas beruhigst", zischt mir Petra ins Ohr. „Was hat die denn? Ist die vom bösen Affen gebissen? Ich hab geglaubt, die kratzt mir die Augen aus, vorhin."

„Keine Ahnung, was sie hat."

„Hat sie nicht gewußt, daß ich dabei bin? Ist sie deshalb böse?"

„Sie wollte es mir vor dir nicht sagen."

Ich gehe Celeste nach.

„Bitte, wir haben hier in der ersten Reihe einen Platz für dich reserviert."

„Weil es ein guter Platz ist, nehme ich ihn", sagt sie frostig.

Als wir in dieser gespannten, ja gewitterschweren Stimmung unsere Plätze einnehmen wollen, steht auf einmal Marie-Claire vor uns. Sie ist mit ihrem heute so weichen Gesicht und den dunkelrot angemalten Lippen, die vor Erotik triefen, sehr nahe vor mir, in der sanften, erfüllten Schönheit von vorhin, und sie schaut mich, die ich nicht weiß, wohin ich mich wenden soll in meinem gekränkten Stolz, liebevoll an, sagt etwas Zärtliches, Besänftigendes wie: „Grüß dich noch einmal, meine Liebe, so toll und so chic bist du heute angezogen." Ich möchte sie umarmen und nicht mehr loslassen und ihr sagen, „Du auch, Marie-Claire, du auch".

Aber der Trotz siegt, der Trotz, weil sie es wagt, mit der Nachfolgerin zu kommen, zu einem offiziellen Anlaß, und diese ihren Eltern vorstellen wird. Ich sage nicht, wie schön ich sie finde, ich bedanke mich mit einem koketten Augenaufschlag für ihr Kompliment. Sie dreht sich, weiterhin arglos, zu Celeste, sie weiß ja nicht, was in uns allen vorgeht. Dann begrüßt sie Petra. Wir drei müssen ihr wie eine eiserne Phallanx vorkommen, und glücklicherweise steht bald eine ihrer Bekannten neben uns, zieht sie fort, und das Konzert beginnt.

Keinen einzigen Ton bekomme ich mit. Neben mir eine beleidigte, von Gift zerfressene Celeste, die hochnäsig wie die Königin von Saba dasitzt, irgendwo im Saal Marie-Claire mit ihrer neuen Liebe, auf meiner anderen Seite Petra, zu der ich einen, der Aufregung angemessenen guten Draht habe, und zu der ich mich auch während des Konzertes tuschelnd immer wieder wende, um die Spannung, die von Celeste ausgeht, auszugleichen, um mich etwas zu lockern, um Celeste zu zeigen, daß ihr Zorn mich nichts angeht. Petra, mein Ruhepol, Petra, die stoisch und solidarisch bleibt, mit mir lacht und scherzt, weil ich es brauche, weil sie von allem nicht betroffen ist. Schräg in meiner Blickrichtung in der Reihe der Ehrengäste die Botschafterin.

Ich bebe anfangs vor Schmerz und vor Schuldgefühlen wegen Marie-Claire. Sie wird mich nicht mehr mögen, weil ich die neue Frau ihres Herzens nicht gegrüßt habe. Sie wird mich verachten und spätestens morgen zur Rede stellen, sie wird mir die andere zumindestens als Gesprächsgegenstand aufzwingen, sie wird … und ich fühle mich wegen meiner Eifersucht schwach und schäbig.

Erst allmählich versuche ich, mein angekratztes Selbstbewußtsein wieder aufzurichten. Na gut, da sitzt die Nachfolgerin, aber erstens weiß ich nicht, wo in diesem Saal sie ist, und zweitens bin ich auch jemand, und drittens habe ich Petra an meiner Seite, und viertens sitzt dort Madame l'Ambassatrice, die mir Herzklopfen verursacht, die immer wieder zu mir schaut und mit der ich zu flirten anfange. Aus Selbsterhaltungstrieb heraus flirte ich mit der Botschafterin, die mir ohnehin gefällt, deren Macht mich antörnt, deren Macht diese Frau noch erotischer macht, als sie ohnehin schon ist, denn in jeder gesellschaftlichen Position hätte sie dieselbe monumentale Ausstrahlung auf mich, die Botschafterin, deren „Power" in den roten Haaren am besten versinnbildlicht wird, und die jetzt bemerkt, daß ich immer verschmitzt lächle, wenn sie zu mir schaut.

Sie wendet den Blick nun öfters her und tut so, als würde sie ihren vierten Nachbarn von rechts meinen, nur um wieder mein Gesicht anzusehen und sich zu vergewissern, daß meine Aufmerksamkeit nicht nachläßt. Ich lehne mich langsam zurück, mache die Schenkel breit und lege den Fuß auf mein Knie, das schaut männlich fordernd aus. Ich stütze den Arm auf, nur um noch intensiver zu ihr schauen zu können, um weiterhin hintergründig zu lächeln. Meine plötzlich aufkommende Lebenslust hilft mir, endgültig die Wand zu Celestes Hochmütigkeit aufzustellen. Damit vergräme ich sie für immer, denn in der Pause steht sie wort- und grußlos auf und zieht Leine.

Die Pause – mit Besorgnis erwartet: Marie-Claire in Begleitung ihrer neuen Liebschaft begegnen, beide sehen, aneinander, miteinander, ihnen nicht ausweichen können.

In Wirklichkeit jedoch gehen Petra und ich zur Bar in den großen achteckigen Salon der Botschaft und werden sofort von dem jungen „Robert Mitchum"-Verschnitt des Außenministeriums in Beschlag genommen. Ich sehe im Augenwinkel, wie Marie-Claire näherkommt, sich von einer Gruppe, die sie kennt, zur anderen tastet, allein, und nun hinter mir steht. Ich sehe auch in einigen Metern Entfernung zwischen den anderen Köpfen ein blasses Gesicht, das mich fassungslos und erstaunt, wie aus allen Wolken gefallen ansieht: Ute. Ich kenne sie nicht, ich will sie nicht mehr kennen. Es ist ihr anzusehen, daß sie dies nicht begreift. Noch vor Monaten, zu Ostern, sind wir gemeinsam an einem Tisch gesessen. Ich habe sie einmal im Auto in die Disco mitgenommen. Sie soll spüren, daß etwas nicht stimmt, und es ist mir egal, ob dies eine Schwäche von mir ist. Der Botschaftssekretär gesellt sich zu uns, er ist ein glänzender Unterhalter. Die beiden bestangezogenen Männer des Saales sind an unserer Seite, sie erinnern mich an den Hofball von „My Fair Lady", nur daß Eliza sich aus den jungen Verehrern nichts machte und ich mir auch nicht, denn jetzt steht Marie-Claire auf einmal vor uns. Sie hat es gewagt. Sie redet mit. Die Herren überbieten sich in Anekdoten. Mitten in der Unterhaltung kommt Ute an unsere Gruppe heran, sie flüstert Marie-Claire etwas zu und geht weiter. Marie-Claire bleibt. In diesem Moment spüre ich, daß ich gepunktet habe. Gepunktet, das ist das richtige Wort, denn Marie-Claire hat es nicht lassen können, sie hat sich zu uns gesellen müssen, sie ist zu mir getrieben worden, sie kann nicht anders, als dabei sein zu wollen.

Ich bin nun souverän, gelassen und stark. Ich habe es durch das spontane Zur-Schau-Stellen meiner Abneigung vorhin auf der Treppe geschafft, die andere zu vertreiben. Die steht hier nicht neben Marie-Claire, belästigt und kränkt mich durch ihren Anblick nicht. Es ist mir – wie, weiß ich noch nicht – gelungen, eine gewisse Anziehung auf Marie-Claire auszuüben, auch wenn ihr Herz „besetzt" ist. Schon zum zweiten Mal am heutigen Abend sucht sie meine Nähe. Jetzt steht sie vor mir und geht nicht weg, auch wenn wir es nicht wagen, einander anzusehen. Auch wenn ihre Lippen nicht mehr rot glänzend, sondern nur noch in mattem Hautrosa sind, und sie nicht mehr so leuchtet wie vorhin, etwas erschöpft aussieht, bleibt sie vor mir stehen und hört zu, wie wir lachen und scherzen. Ich bin selig, ein kleiner Moment der Seligkeit in diesem Schlamassel.

Ich sehe, wie von hinten ihre Mutter an die Gruppe herankommt, im Schlepptau die konservative Schwester, von der Marie-Claire mir am Telephon erzählt hat und die tatsächlich so aussieht, als wären Lateinvokabeln und Wirkwaren ihr einziger Lebensinhalt, runde Brille, hellblaue, altmodische Weste, in den fünfziger Jahren steckengeblieben. Dieser Moment kommt mir zu früh, denn ich weiß, daß Marie-Claire nun gehen wird. Sie wird mit ihrer Mutter nicht hier stehenbleiben wollen. Da Marie-Claire mit dem Rücken zu den Herankommenden steht und ich diese zuerst sehe, weiß ich auch schmerzhaft zuerst, daß Marie-Claire mir jetzt genommen wird. Sie verabschiedet sich und ist daraufhin mit Mutter und Schwester in der Menge verschwunden.

Ich vernehme gleich darauf die Stimme des Botschaftssekretärs, der mir ankündigt, daß Madame l'Ambassatrice mich und meine Begleiterin für den weiteren Verlauf des Konzerts gerne an ihrer Seite hätte.

GENEVIÈVE PASTRE

Flutwellen oder Amelie(n)

Der Katamaran lag am Trockenen. Der Papierdrache mit dem grünen Schwanz und dem roten Kopf schoß hin und her, stieß an die unsichtbare Wand des Windes. Als sie den Kopf hob, sah sie, daß eine Hand seine Schnur am Boden festhielt. Es war Ebbe. Als Symbol ihres Begehrens sprang der Drache auf, fiel ab, stieg von neuem, vibrierte, stieß senkrecht in den Sand, nahm einen erneuten Anlauf, er fiel plötzlich wirklich ab, wurde zu guter Letzt aber doch größer. Ein leichtes Spielzeug für Luft und Mensch. Alles war friedlich, gleichmütig. Man hört wie immer nur die hellen Stimmen der Kinder und das Schnurren eines kleinen Flugzeugs. Die Seelen trieben erschöpft dahin, für einen kurzen Moment ebenfalls auf der Herzoberfläche aufgehalten. Sie lag im trockenen Sand ausgestreckt, windgeschützt. Die Stunde schien nicht zu vergehen.

Sie dachte an die seltsamen, heftigen konzentrischen Bewegungen ihrer von den verschlungenen Fäden des Zufalls abhängigen Liebeswünsche. Zuerst A., sehr jung, glattes, gescheiteltes, kastanienbraunes Haar, an den Schläfen weiß. Aufrecht, ernst, kaum älter als sie, kaum kleiner als sie. Der Blitzstart ihrer Liebe brachte Schwindelgefühle. Ein starkes Begehren und, stärker noch, ein Erkennen der anderen hatte sie beide fast gleichzeitig erfaßt und aus dem Gleichgewicht gebracht. Das Hotelzimmer. Drei Fenster empfingen die Sonne mit voller Kraft und warfen Sternenlicht zurück. Sie waren davon geblendet. Sie lachten, und alle Thereses und Isabelles waren ihnen ähnlich. Sie trafen sich bei ihr wieder. Kaum angekommen, setzte A. sich fiebrig in den Rattanfauteuil neben der Bücherwand in dem Zimmer, das man als Salon bezeichnen konnte, und wartete. E. setzte sich auf einen niedrigen Stuhl, berührte und streichelte ihre Brüste, den Hals, den Nacken. Die andere Hand fuhr bis zu den Knöcheln hinunter, glitt wieder hinauf. Dies war so überwältigend, daß sie, ohne zu sprechen, die Holztreppe hinauftaumelten, während E. nicht aufhörte, sie zu liebkosen.

Sie löste ihre Schuhbänder, entledigte sie ihrer Strumpfhose, des Slips, des Pullovers, des BHs, und wie eine trunkene Priesterin vollendete sie das nicht zu umgehende Ritual, die andere auszuziehen, ohne das wahnwitzige Ansteigen des Begehrens zu unterbrechen. Sie schwiegen. Sie machten schnell, ohne Hast.

Das schlecht geleimte Bett quietschte. Sie hatte vorhergesehen, daß die beiden Pferde Seite an Seite laufen würden, von einer sicheren, präzisen Wellenbewegung getragen.

Die Jeans lagen am Boden. Die Unterhemden, die Strumpfhosen, die Schuhe, alles verstreut. Die Pferde, die sie ritten, liefen nun gehetzter, eine ganze Horde bereits, eng aneinander, während der Papierdrache umschwenkte, um seinen Platz wieder einzunehmen. Einige der Badenden genossen zur gleichen Zeit wie sie den Kuß des Meeres zwischen ihren Schenkeln.

Sie wiederholten diese Treffen viele Male. Das Meer hatte von jeder Seite aus gesehen eine andere Farbe, grün auf der Seite von E., silber auf der von A. Von Zeit zu Zeit blieben die Pferde stehen. E. brachte A. jedesmal für die Dauer einer kurzen Woche nach Hause. Die Pferde hörten nie auf, langsam zu traben oder im Schritt zu gehen. Darin lag das Wunder. Sie sahen nichts anderes mehr, selbst als sie in der Arbeit oder zu Hause ihren täglichen Geschäften nachgingen. Die Stimme erstarb am Telephon. Sie waren auf köstliche Weise unvorsichtig. A. fühlte sich von ihrer eifersüchtigen, anspruchsvollen, allgegenwärtigen und schließlich beunruhigten, obgleich ebenfalls seit langem untreuen Partnerin überwacht. Sie konnte plötzliches Auflachen, die Veränderung ihres Gesichtes, die Entspannung, die Nervosität nicht verbergen. Sie verschwendete ihre Energie darauf, Messing zu putzen, Schränke aufzuräumen, Vorhänge zu waschen. Sie dachte bereits daran wegzugehen. Die Zukunft war nichts anderes mehr als eine kalte und blinde Mauer. Der fliegende Drache fiel nicht mehr herunter. Ein Drache, der niemals herunterfiel, der nicht zusammenzufalten war.

Einige Monate vergingen. A. fuhr auf Urlaub. E. ebenfalls, in den Süden Frankreichs. Der Rhythmus wurde nach den Ferien wieder aufgenommen.

Im nächsten Frühjahr tauchte I. auf. In Wahrheit hatte sie in E.s Leben seit langem schon existiert, noch vor A., aber wenn E. ihre sehr reine Schönheit, ihre schrankenlose Intelligenz, ihre Grazie und Geschmeidigkeit immer bewundert hatte, so hatte sie sie doch nie als Frau begehrt. An jenem Abend nahm E. ein paar Freundinnen im Auto mit. Man ging gemeinsam abendessen. I. saß bereits neben ihr, am Beifahrersitz. Im Fond drei lachende Freundinnen. Man nahm im Vorbeifahren A. mit. Schön und anschmiegsam nahm sie ebenfalls vorne Platz. Die drei Körper berührten einander, eng und heiß aneinandergepreßt. E. beugte sich vor, um A. besser zu sehen und sie zärtlich anzulächeln. In diesem Augenblick erstarb ihr Begehren, spaltete sich buchstäblich in zwei Teile, von einem unerwarteten und unerträglichen Schmerz begleitet.

Die Profile der beiden Frauen überlagerten einander, im Halbschatten unter der Straßenlaterne waren sie fast identisch. Das eine von ihr geliebt, so gut bekannt, so oft gestreichelt, etwas schwerfällig im Ausdruck, prächtig, etwas hochmütig, jedes Detail des Körpers von ständiger Erschöpfung gezeichnet, nicht zuletzt durch die Erfahrung der Wollust, eine lange Geschichte. Die Pferde liefen wieder im Galopp, aber in zwei deutlich getrennten Gruppen. Ein anderes badete dort unten im Westen im Silbermoiré des Meeres. Das Wetter verdunkelte sich, wurde vom Wind der Widersprüche heftig geschüttelt. Das Profil von I. war zwanzig Jahre alt, glatt, perfekt rein, unverschämt vor Schönheit. E. begehrte beide gleichzeitig. Das Pferd trabte allein dahin, fast schwarz. Die anderen warteten. Es holte sie langsam ein. E. wünschte zurückzukehren, war ohne Sehnsüchte, voller Bedauern, überrascht, verblüfft, konsterniert. Das weiße Pferd ihrer Liebe blinzelte in der blendenden Sonne. Sie verstand, daß das Schicksal ihr das Absurde im Übermaß anbot. Sie fragte sich flüchtig, was passieren würde, wenn das Begehren alle drei gleichzeitig durchlaufen würde. Sie startete im Überfluß des von diesen zwei so schönen Frauen hervorgerufenen Glücks, die sie mit dem selben Begehren wie Blitze trafen. Der fliegende Drache war jetzt hinter der Hecke, etwas spöttisch, tauchte unter und wirbelte herum; er verschwand.

Ich kehre von der Reise zurück, ich komme heute abend zu dir. Ich hörte I.s singende und schmeichelnde Stimme am Telephon. Ich will dich wiedersehen, ich habe viel an dich gedacht. E. ist gerührt. Zu sehr. Verlegen auch, die Abwesenheit hat ihre Verwirrung etwas gedämpft und die beiden Begehrlichkeiten voneinander getrennt, jede von ihnen war auf Reisen gewesen. Ein Jahr war verstrichen, A. und E. hatten ganz Europa bereist. Sie wollte I. vergessen. Der Gedanke an sie war übrigens beruhigend, denn I. war mit einem Freund weggefahren, hatte außerdem nie etwas anderes als eine warmherzige, mit Bewunderung gemischte Freundschaft ausgedrückt.

E. war viel älter als sie. I. kam, voller Emotionen, ruhig und sanft. E. ließ sie eintreten, bedauerte sofort diesen so leichten Schub, den sie dem Schicksal gegeben hatte. Sie aßen zu Abend. I. beschrieb den wilden Glanz New Yorks, wohin sie sie unbedingt mitnehmen wollte, erzählte auch von den dramatischen Trennungen, die sie mitgemacht hatte; manche der Männer, die sie als Liebhaber hatte, hatten sie töten wollen. E. ahnte sehr wohl, warum. Sie hatte dasselbe erlebt: Sie war größer als jene Männer, und ihre Lust befriedigte sie nicht. I. mußte um ihr Leben bangen, war gezwungen zu fliehen, sich in Flughafentoiletten zu verstecken, ohne Koffer, hatte nur ihre Papiere und gerade genug Geld, um heimzukehren. Außergewöhnlich in ihrer Intelligenz und geistigen Klarheit. E. hörte zu, träumte von New York mit A. I. war bereits nackt, das Laken aufgeschlagen, ohne Koketterie, wartend, lächelnd, grazil, wie eine junge Göttin.

Mit Entsetzen bemerkte E., daß sie gebunden war, keine Libertine! Die Geschichte mit A. war in feurigen Runen in ihre Handflächen, in ihren Unterleib geritzt, war mehr als ein Parfum, dessen Duft nicht vergeht. Sie versuchte zu glauben, daß dies falsch war, daß sie darüber hinwegkommen konnte. Sie hatten einander die Freiheit gelassen, A. war es sogar gewesen, die die Initiative ergriffen hatte. Sie hatte sie frei gelassen, um nicht alte Geschichten, Eifersüchteleien, niedrige Schattengedanken, Verhalten, die die Liebe in ihrem Prinzip stören, zu wiederholen. Sie hatten sich lange über dieses Thema ausgesprochen. Es war eine schrankenlose Herausforderung. Sie spürten, daß sie von dem Glück, miteinander zu sein, getragen wurden. Das genügte vollkommen. Obwohl sie aus den gleichen Gründen eine offene Beziehung wünschte, spürte E., daß die Dinge nicht so einfach, so leicht sein konnten, wenn sie zur Tat schritt. Sie hatten einander die Freiheit gelassen? Das war sehr theoretisch. Aber es gab zusätzlich noch diese Wendung des Schicksals, eine Farce schlechtesten Geschmackes, deren Opfer sie war.

Die Ähnlichkeit war zu groß. Sie gab und empfing. Weder ihre Seele noch ihr Körper konnten sich aufgeben. Und was heißt schon, sich hingeben, den Augenblick leben? A. schob sich zwischen ihre beiden Körper. Das Meer war da, in einem leuchtenden Grün. Es schien ihr, als könnte sie es nicht erreichen. Sie weinte während ihres Höhepunktes, als ob sie sich im Körper geirrt hätte. Sie hätte nie A.s Abwesenheit erleben wollen, die den Ersatz, das Eindringen durch die geringste Ritze erlaubte. E. fühlte sich verloren, weil sie von Natur aus weder zynisch noch Genießerin des Augenblicks war.

I., an das blinde Vergnügen der Männer gewöhnt, faßte es sicher falsch auf. Sie hätte sich leichtfertig geben sollen, lügen oder eine radikale Wandlung vornehmen, eine andere werden, das Objekt der Leidenschaft verändern, einen doch so leichten Austausch vornehmen, von einem anderen Planeten, alle Pferde auf einmal reiten. E. konnte es nicht. War unfähig, ihr Begehren umzulenken, es zu multiplizieren oder ohne Angst zu teilen. Sie war frei, vielleicht hätte sie mit einer ganz anderen Frau eine Beziehung eingehen können. Es war unmöglich, große Erklärungen abzugeben, ohne so auszusehen, als ob sie die junge Göttin vor die Tür setzen wolle. Jagt man schöne Göttinen aus dem Haus?

Es stimmte, daß sie derzeit weniger unter der Abwesenheit von A. litt. In einem gemeinsamen Haushalt mit einer ziemlich reichen Frau war es für sie schwierig, sich zu trennen, ein hart erkämpftes Gleichgewicht aufzugeben und gewisse Annehmlichkeiten des Lebens aufs Spiel zu setzen. Diese Abhängigkeit verstand E. theoretisch. Und aus dunklen Gründen, die auch in der gemeinsam gelebten Wollust lagen, die sie miteinander lebten, schuf sie bei A. plötzliche Wünsche nach Unabhängigkeit, die ihnen beiden zugute kamen. E., die Ausbrüche und Gewalt kennengelernt hatte, wünschte dies alles A. nicht, es sei denn, diese wolle solchen Ereignissen von sich aus die Stirn bieten. Sie verweigerte sich jedem Druck. Aber um das ging es an diesem Abend gar nicht: Es war die Tatsache, daß diese so junge und so begehrenswerte Frau und die abwesende A. einander auf ungehörige Art ähnlich waren. Sie neidete I. deren sprühende Jugend. Wenn sie auf zynische Weise hätte wählen können, hätte sie sich für diese ganz junge, zwanzigjährige, freidenkende Frau entschieden, die sich mit soviel Grazie hingab.

Die Pferde liefen im Galopp auf sie zu. Aber etwas fehlte. Sie suchte. Die Möwen! Die waren abwesend, dieser Strand war leer. War sich I. dieses Unbehagens bewußt? Sie konnte ihr dies nicht mitteilen, erklärte ihr auch nie, welche heftigen Kämpfe sie in dieser Nacht in ihrem Inneren ausgefochten hatte. Sie wünschte so sehr, sie lieben zu können, aber der Zugang zu ihrer Seele war versperrt. I.s Jugend, die für ein vulgäres Gemüt ein Atout ihrer Verführung gewesen wäre, und ihre märchenhafte Freiheit verstärkten A.s Nachteil in diesem grausamen Vergleich, und gerade deshalb liebte E. sie umso mehr. Sie steckte als ganze in ihrer gemeinsamen Geschichte drinnen. Sie schätzte I.s Wesen zu sehr, um sie zu täuschen. Was hätte sie ihr sagen sollen? War das Leben wirklich so absurd? Eine ältere Dame mit weißen, leicht gelockten Haaren wartete geduldig lächelnd in einem kleinen Kiosk mit der Aufschrift: EIS auf Kunden. Zwei alte Frauen gingen vorbei, eine auf einen Stock gestützt, alle beide trugen über die Ohren gezogene Häubchen. Ein Kind weigerte sich, auf die Bretter vor dem Kiosk zu steigen, zeigte trotzig mit dem Finger auf den Wagen. Seine Mutter trug es lachend davon. Das Kind hörte nicht auf zu protestieren. Warum sollte es den Sand auch mögen?

Dann kam die Periode der Kreise. Sie nannte sie manchmal konzentrische Kreise, dann Stoßwellen.

A.s Territorium begann bei St. Sulpice, zumindestens wenn sie mit dem Bus kam. Kurz davor gab es einen rechteckigen, kleinen Platz, der auf die „Rue de Vaugirard“ ging. Sie ging die paar Stiegen der „Allée du Séminaire“ hinauf, durchquerte einen Bogengang mit vier leicht verwitterten Säulen, ging unter Kastanienbäumen mit roten Blüten durch und eine breite, von Bänken gesäumte Treppe hinunter bis zu einem Springbrunnen außer Betrieb, der den Naturwissenschaften, der Landwirtschaft, dem Frieden gewidmet war. Dahinter lag ein Platz. Sie blieb oft vor dem vollgeräumten Schaufenster einer alten Geschichtsbuchhandlung stehen. Für E. war das die Schwelle ihrer Emotionen. Sie wußte, eine Viertelstunde auf oder ab, genau, wann und von woher A. auftauchen würde, selbst wenn sie nicht mit ihr verabredet war. A. schritt immer zügig mit Elan aus, in ihre Gedanken versunken. Der Augenblick ihres Erscheinens war köstlich, sosehr er auch mit Schmerz verbunden war. Dieser hatte dieselbe Heftigkeit wie in den ersten Tagen. An jenem Tag schlug ihr Herz zum Zerspringen, weil sie eine Veränderung wahrnahm: A. ging auf dem Gehsteig der „Rue Bonaparte" vor ihr, obwohl sie sonst immer von der rechten Seite des Springbrunnens kam. Sie entdeckte ungewöhnliche Einzelheiten an ihren Haaren, an ihrem Gang; nein, es war gar nicht A., sondern eine Frau, die sie bei Freundinnen kennengelernt und deren Anblick ihr einen Schock verursacht hatte: dieses Übermaß an Ähnlichkeit mit A. Diesmal kostete E. das Glück eines ungezwungenen und folgenlosen Begehrens aus. Das Gesicht der Unbekannten war vielleicht etwas feiner, zarter, die Nase spitzer, die Haare heller. Sie verspürte nicht nur Begehren und Erkennen, sondern auch ein vages und absurdes Gefühl der Entrüstung, der Wut. Was machte diese Frau hier? Zugegeben, es war dumm, aber sie erlebte dieses Erscheinen hier, in A.s heiligem Territorium, als Eindringen. Sie verlangsamte den Schritt und folgte ihr, beobachtete sie. Die Doppelgängerin blieb kurz stehen, als ob sie zögern würde. Vielleicht dachte sie nach, welche Richtung sie nehmen sollte, oder betrachtete ein E. unbekanntes Detail. Sie hatte sicher eine Verabredung, sie schien mehr in Eile, auch leichtfüßiger als A. Plötzlich hatte sie sich entschieden, bog schnell in die „Rue Honoré Chevalier" ein, und E. sah, wie sie sich entfernte. Sie verschwand in einem Torbogen. Was für Erinnerungen hatte sie geweckt? E.

wußte, daß sie eine verheiratete Frau war, die in einer Bank arbeitete. Eine blonde Ausgabe von A. Der Platz, auf dem E. stand und nachdachte, war jetzt in Nebel gehüllt. Ihre Wut war verraucht. Aber ihr Herz schlug immer noch. Warum hörten diese seltsamen Geschichten nicht auf, einander zu überschneiden? Mit welchem Recht stürzten Unbekannte in ihr Leben? Sie hätte sich für ihr Begehren eine glatte Oberfläche gewünscht, die der perfekten, sich ständig verändernden Vereinigung und nicht immer wieder diese plötzliche Unruhe, die Zweifel an der Einfachheit ihres Herzens entfachte.

Die Chance, diese fast Unbekannte wiederzutreffen, war gering, vielleicht in einem anderen Rahmen, bei der Freundin, wo sie sie damals zum ersten Mal gesehen hatte. Sie beschloß, die Dinge ihren Lauf nehmen zu lassen. Sie bedauerte sie flüchtig und ging A. entgegen. Immer noch ihrer alten Liebhaberin verpflichtet, immer wieder in Versuchung zu gehen, in einem Räderwerk gefangen, dem sie sich nicht entziehen konnte, immer voller Sehnsüchte und ungelebter Zärtlichkeit, aber mit einer Sinnlichkeit und Geradlinigkeit ohnegleichen. Vielleicht etwas kalt in ihren Äußerungen. Aber man analysiert eine Liebe nicht, man trägt ihren Sinn vorsichtig vor sich her, wie die Tänzerin auf dem Seil. Es gab keine andere Wahrheit für E. Eine lachende Möwe gesellte sich bei Ebbe zu ihr, dann, etwas weiter weg, zwei weitere stelzten elegant dahin. Weiße, kaum wahrnehmbare Flecken im diffusen Licht. Der Strand, ihr Strand hatte seine Einheit wiedergefunden.

SHERE HITE

Meine Mutter – eine Rebellin

In gewisser Weise mochte ich meine Mutter, aber ich fürchtete mich auch etwas vor ihr. Ich hatte als Kind Angst vor Wasser. Der Grund hiefür war ein Vorfall, der sich eines Nachmittags ereignete, als meine Mutter mich von Großmutter abholte und mich mit meinem Cousin in das städtische Schwimmbad mitnahm.

Mutter trug einen schwarzen Badeanzug, dessen Bänder an den Seiten locker geschnürt waren, so daß man dazwischen ihr Fleisch sehen konnte, von den Hüften aufwärts bis zu den Achseln. Sehr kühn und sexy. Einige Männer folgten ihr, als sie um den Pool herumging, und versuchten, sie in ein Gespräch zu ziehen – und ich trabte hinterher. Ich genoß den Nachmittag, aber ich wollte auch ihre Aufmerksamkeit erregen. Ich erinnere mich, daß ich rief: „Mammi, Mammi, schau, wie tief das Wasser ist, in dem ich schon schwimmen kann. Schau, wie groß ich bin, ich kann schon in der tiefen Seite des Pools schwimmen."

Ich sprang hinein. Aber das Wasser schlug sofort über meinem Kopf zusammen. Ich sank tiefer, tiefer, tiefer, und meine Füße berührten den Grund immer noch nicht. Ich hatte einen Fehler gemacht. Ich war im drei Meter tiefen Wasser, und ich war erst sieben Jahre alt und konnte nicht schwimmen. Ich hätte es sicher im Laufe des nächsten Jahres gelernt.

Ich erinnere mich, daß ich am Grund des Beckens ankam und dachte, daß meine Mutter sofort hier sein werde, um mich hochzuziehen. Sie war eine gute Schwimmerin, konnte herrlich tauchen und hatte starke Arme. Ich stellte mir vor, daß sie hineinspringen würde, um mich zu holen. Aber nichts passierte, und ich war weiterhin tief unten. Dann bemerkte ich, daß mein Mund sich öffnete und das Wort „Hilfe“ formte. Ich oder mein Verstand nahm dies alles, einem Wissenschafter gleich, sehr distanziert wahr. Ich war erstaunt, daß sich mein Mund öffnete, „Hilfe“ sagte, und das Wasser hineinschoß – obwohl ich hier unten saß und mich vollkommen ruhig fühlte. Entspannt.

Dann war plötzlich eine Rettungsschwimmerin über mir, schlang ihren Arm um mich und zog mich hinauf, hinauf und an den Rand des Pools. Ich erinnere mich, wie sie mich ansah, als sie mich dort vom Boden aufhob. Sie war erleichtert, daß es mir gut ging. Sie drehte mich seitlich hin, damit ich soviel Wasser wie möglich ausspucken konnte. Mein größerer Cousin Russ kam vorbei und fragte, ob alles in Ordnung sei. Er versuchte, meine Mutter zu bewegen, herüberzukommen und nach mir zu sehen, aber sie stand nun beim Springbrunnen, umringt von so vielen Bewunderern, schwatzend und flirtend, daß sie mich nicht einmal sah. Sie schaute nicht einmal in meine Richtung, und ich stand schließlich auf und hinkte zu ihnen hin, wobei ich im Gehen immer noch Chlorwasser spuckte.

Ich erwähnte diesen Vorfall meiner Großmutter und meinem Großvater gegenüber nie, sie hätten mich nie mehr mit ihr mitgehen lassen, und es hätte einen Riesenkrach gegeben. Es war eines der wenigen Male, die ich meine Mutter überhaupt sah – erst zwei Jahre später lebte ich ein ganzes Jahr lang mit ihr.

Sie werden sagen, „Das ist ja schrecklich, sie hätte sich viel mehr um Sie kümmern müssen.“ Aber ich sah sie oder meinen Vater nie (und wo blieb er, um sich um mich zu kümmern? Warum sollte sich die Mutter mehr um ein Kind kümmern als der Vater?) – und so wuchs ich auf und dachte nie daran, daß meine Eltern verpflichtet wären, sich um mich zu sorgen. Ich sah sie immer nur als zwei Leute mit verschiedenen Geschichten – Leute, mit denen ich nicht lebte und die ich gelegentlich traf. Deshalb erschien mir jeder von ihnen als sein eigenes, in sich geschlossenes Sonnensystem, in keinerlei Verbindung zu mir. Vielleicht war es mir deshalb so lästig, Großmutter immer über meine Mutter schimpfen zu hören. Ich beneidete sie sogar um ihre Freiheit, was auch immer es sie gekostet haben mag, ihre Fähigkeit, einfach wegzugehen und nach ihren eigenen Gesetzen zu leben.

Als ich ein Jahr lang mit meiner Mutter und ihrem neuen Ehemann lebte, mochte ich an diesem Zusammenleben ihr Baby, meinen Bruder, am allermeisten. Die Umgebung war nicht sonderlich angenehm, und meistens war auch niemand zu Hause, denn meine Mutter ging gerne ihre Freunde besuchen, den ganzen Tag lang und oft auch am Abend. Sie sorgte oder kümmerte sich nicht viel darum, was zu Hause vor sich ging. Zuerst schlief ich auf einem harten Militärfeldbett, später hatte ich ein eigenes Zimmer, aber dort gab es keine Heizung, keine Vorhänge, keine Möbel, nur nackte Wände und ein Bett. Ich mußte mir mit neun Jahren meine Kleider für die Schule selber bügeln, mir mein Frühstück, Mittagessen und manchmal auch das Abendessen selber machen, und als mein Bruder auf der Welt war, machte ich dasselbe für ihn, fütterte ihn, fütterte sogar unseren Hund. Aber es ging mir trotzdem etwas besser als früher. Ich spielte gern mit meinem kleinen Bruder, ich sehe immer noch, wie er in seinem hohen Kinderstuhl saß, Tippy, der schwarze Cockerspaniel auf dem Boden vor ihm, ich sehe mich, wie ich meinen Bruder mit Pfirsichen aus der Dose fütterte, sie selber aß, bis auf einmal alles auf den Boden fiel. Was für ein Saustall! Aber lustig war es!

Als meine Mutter wegzog, vermißte ich meinen Bruder sehr. Sie nahm ihn mit sich, und ich ging zu meiner Großmutter zurück. Ich hatte von dieser Entscheidung kurz vor ihrer Abreise erfahren, ich wußte nicht, wie sie getroffen worden war, konnte nichts mehr daran beeinflussen. Ich erinnere mich mit viel Zärtlichkeit an meinen Bruder. Später war ich sehr schockiert darüber, daß er sich an seinen hohen Kinderstuhl nicht erinnern konnte und auch nicht daran, wie wir spielten.

Noch eine andere Notiz über den Tag im Schwimmbad, den Tag, an dem sie diesen schwarzen Badeanzug trug, dessen locker geschnürte Bänder ihre Haut an den Seiten zeigten – nacktes Fleisch. Es war super, wirklich sehenswert, ich fragte mich, woher sie diesen Badeanzug hatte und wie sie den Mut aufbrachte, ihn auch zu tragen. Sie schaut phantastisch aus, dachte ich. Ich konnte sie von ihrer Taille aufwärts betrachten; damals war ich genau halb so groß wie sie und hatte daher den besten Blick auf ihre Hüften und ihre Brüste, die waren wie die von Esther Williams. Meine Mutter hatte ebenfalls braunes Haar und braune Augen. Aber ihren Augen fehlte etwas Lebendiges, eine klare Zufriedenheit oder Direktheit. Sie schauten immer nervös und leicht an einem vorbei, selbst wenn sie mich direkt ansah – oder vielleicht war es mehr ein Gefühl, daß sie mich nie wirklich sahen (mich oder jemand anderen, den sie ansah).

Sie wirkte unzufrieden, oft knapp davor, eine bösartige Bemerkung zu machen und zornig zu werden. Ich sah sie selten friedlich oder glücklich. Ich sah sie lachen, aber nie aus Herzensfreude. Es war ein ungestümes Lachen über zotige Witze, die sie mit ihren Freundinnen riß, oder wenn sie etwas als „albern“ bezeichnete. Sie gehörte sicher nicht zu der zimperlich-frömmelnden Sorte der weiblichen Welt. Männlich war sie allerdings auch nicht, nicht in dem heutigen Trend des von Frauen getragenen männlichen Outfits und Haarschnitts.

Ihr Haar war halblang und wellig, der Körper üppig, und sie trug immer sexy Unterwäsche und Nachthemden. Aber ihr

Körper war deshalb nicht lieblich und ihre Ausdrucksweise war weder kontrollierbar noch unterwürfig – sie hätte die anderen eher zur Hölle geschickt, als ihnen Beachtung geschenkt. Sie hörte nur dann zu, wenn sie selber das Thema aufgebracht hatte und hatte für die Sorgen anderer keine Zeit, ihre eigenen drängten viel zu sehr. Diese Sorgen waren: an erster Stelle ihre große Unzufriedenheit mit ihrem Leben und ob sie nicht umziehen sollte, oder wie sie aus ihrer gegenwärtigen Lage herauskäme. Und weiters, wo sie für die nächsten Stunden ein schnelles Vergnügen auftreiben könnte, entweder mit einem Mann oder in einem schnellen Wagen fahren, schwimmen gehen oder ins Kino.

Als sie jünger war, ging sie von Mann zu Mann. Die Männer zahlten die Rechnungen, und sie gab ihnen Sex dafür und vielleicht auch ein Kind. Als sie älter wurde, dürfte sie in ihrer Suche nach Unterstützung von Religion zu Religion gewandert sein, aber da war ich nicht mehr in ihrer Nähe, um Genaueres darüber zu wissen.

NICOLE BROSSARD

Kind Skin My Kind

Wenn ich schreibe, entscheide ich mich eher für das eine denn für das andere Wort, eher für das eine denn für das andere Bild. In diesem Text habe ich mich für ein einziges Wort entschieden: Lesbe, und der Text folgt von selbst, denn die Lesbe ist die *Intuition* kühnster geistiger Klarheit.

Die *Lesbe* ist eine *Frau*, die in Flammen steht, die aus der Essenz dessen neu geboren wird, was sie sein kann. Die Lesbe kennt das Feuer und die Asche des Begehrens, des Seins und des Fragments; wenn sie neu geboren wird, kann alles aus ihr wie aus einem *gynergetischen* Zentrum heraus geschehen. Die ideelle Lesbe ist als Emotion und lebenswichtige Utopie dessen, was Sinn und Nicht-Sinn ausmacht, ideal. Die Lesbe ist eine Initiatorin, eine Anstifterin.

Lesben können so oder so, hier oder dort sein, aber eine Lesbe ist vor allem Mittelpunkt eines faszinierenden *Bildes*, das jede Frau für sich in Anspruch nehmen kann. Die Lesbe ist eine mentale Energie, die dem positivsten Bild, das eine Frau von sich haben kann, Leben und Sinn einhaucht. Die Lesben sind *Dichterinnen* der Menschlichkeit der Frauen, und diese Menschlichkeit ist die einzige, die unserer Gesellschaft einen Sinn des Realen geben kann.

Die Lesbe ist eine bedrohliche Realität für die *Realität*. Sie ist die unmögliche, dennoch realisierte Realität, die jede *Fiktion* verkörpert, die das verzaubert und singt, was wir sind oder sein wollen.

Die Lesbe verwirft die Demütigung als Existenzmodus. Die Lesbe leidet unter der Demütigung der Frauen.

Die Lesbe ist eine Frau, die in der Existenz der Frauen den Frauen vorausgeht. Sie ist eine Entdeckerin, eine Anarchistin, eine Feministin, die mit ihrem Körper durch die Kraft der Anziehung, die sie für andere Frauen verspürt, alles erfindet.

Eine Lesbe ist eine Frau, deren Freude, Leiden oder Lust sich DIE Freude, DAS Leiden, DIE Lust nennen. Und weil sich dieses so nennt, wird es das reale Feld für DIE Poesie, DIE Philosophie, DIE Realität, DIE Fiktion. Die Lesbe ist jene, welche für die Kollektivität der Frauen einen Sinn des Realen schaffen kann, *das Gefühl des Wahren im Positiven.*

Die Lesbe macht die patriarchalen Dogmen ungültig. Die Lesbe schafft Zeit und Raum; sie ist immer von einer anderen Zeit, *She is a calendar, she might be a date, but most of all, she ist your memory.*

Die politische Lesbe ist eine Lesbe, die die Etappen überspringt. Eine Lesbe ist eine Frau, die vor Phantasie brennt, so wie man danach brennt, sich die Schönheit vorzustellen, die Schönheit der Frauen.

Keine Lesbe ist tolerierbar, denn sie enttäuscht den patriarchalen Sinn, macht ihn ungültig, verletzt ihn. Sie macht die Frauen verrückt vor Glück und die Männer vor Schrecken wahnsinnig.

Die Lesbe ist ein lebender Beweis für das „Genie“ der Frauen. Alle Frauen würden gerne an das „Genie“ der Frauen glauben, aber nur die Lesben glauben daran, lassen sich davon inspirieren, spüren es. Durch die Frauen an DIE Frau zu glauben, ist ein philosophischer Akt. Bis jetzt haben die Lesben als einzige Frauen Anstalten getroffen, diesen Akt zu vollziehen.

Die Lesbe nimmt an der gesamten Energie der Sprache teil, jedesmal, wenn ihre Sprache mit der Sprache einer anderen Lesbe, oder ihre Zunge mit der Zunge einer anderen Lesbe *die Energie der Sprachen und der Zungen* findet. Eine Lesbe ist radikal oder ist keine Lesbe. Eine Lesbe, die die Welt nicht neu erfindet, ist eine Lesbe, die im Verschwinden begriffen ist.

Die Lesbe ist die Intuition unserer *Gewißheiten*.

LESBEN DER SCHRIFT

A priori schreiben nicht alle, und nicht alle Frauen, die schreiben, sind Lesben. Wir haben es hier also mit zwei Existenzmodi zu tun, die sich, der eine wie der andere, am Rande des normal-normativen Laufes der Sprache und des Imaginären befinden und damit am Rande der Realität und der Fiktion.

Aber bevor ich weiter aushole, möchte ich zuerst folgende Frage stellen: Was braucht frau, um schreiben zu können? Ich könnte sicher auch die Frage stellen: Was ist das, schreiben? Aber es scheint mir für unser Thema viel treffender, die erste Frage zu beantworten, die in gewisser Weise die Identität der lesbischen Schriftstellerinnen betrifft.

Global gesprochen würde ich sagen, daß frau, um zu schreiben a) wissen muß, daß sie existiert; b) von sich ein fesselndes und positives Bild haben muß; c) der inneren Notwendigkeit folgen muß, selbst gegen ihren Willen die eigene Wahrnehmung und Weltsicht in die Sprache einzuschreiben; mit anderen Worten muß frau, wissentlich oder nicht, dem eigenen Sein in der Welt Sinn verleihen, die eigene Präsenz in der Welt manifestieren wollen; d) dem mehrheitlichen und alles umfassenden Diskurs gegenüber, der die Unterschiede leugnet und das Denken aushöhlt, ein tiefes Mißfallen empfinden.

Zusammenfassend muß frau, um zu schreiben, ein Subjekt auf der Suche und in Bewegung sein. Um zu schreiben, muß frau sich zuallererst selbst gehören.

Wir sind uns also einig, daß die Schrift, von ihrer Praxis her gesehen, ein Thema ist, das vor allem das Individuum betrifft. Aber wie Piaget treffend sagt, „wer nie die Idee einer möglichen Pluralität hatte, ist sich in keinster Weise seiner Individualität bewußt." Um sich ihrer selbst als Individuum, als ein in der Welt einzigartiges Wesen bewußt zu sein, muß frau zuerst ihre Zugehörigkeit zu einer Gruppe oder zu einer Kollektivität kennen. Was auch immer unsere ethnischen oder religiösen Grundlagen sind, gehören wir alle sichtbar zu der Kategorie „Frauen". Was die Gruppe Frauen charakterisiert, ist, daß sie eine kolonialisierte Gruppe sind. Kolonialisiert heißt, nicht aus sich selbst heraus zu denken, in Funktion eines anderen denken, die eigenen Emotionen in den Dienst eines anderen stellen, kurz, nicht existieren und vor allem in der eigenen Zugehörigkeitsgruppe nicht die Quellen der Inspiration und der Motivation finden, die für jede künstlerische Produktion notwendig sind. Es ist lebensnotwendig, in unserer Zugehörigkeitsgruppe faszinierende Bilder zu finden, die uns spirituell, intellektuell und emotional nähren können. Wer und was inspiriert Frauen also? Wer und was inspiriert die Lesben und zwar integral und nicht partiell?

Frau müßte hier vielleicht zwischen dem, was uns inspiriert und dem, was uns motiviert, unterscheiden. So könnte ich sagen, daß die Frauen mich motivieren, denn als Frau und Feministin finde ich unter den Frauen eine tiefgehende Motivation, das Leben, die Sprache, die Gesellschaft zu verändern; und ich könnte auch sagen, daß die Lesben mich inspirieren, weil wir eine Herausforderung für das Imaginäre und in einem gewissen Sinn für uns selbst sind, und zwar in dem Maße, in dem wir uns selbst auf die Welt bringen. Und nur indem wir uns buchstäblich auf die Welt bringen, können wir unserem Sein in der Welt Sinn verleihen und unsere Anwesenheit in der Ordnung des Realen und des Symbolischen manifestieren.

Wenn ich sage, daß wir uns buchstäblich „auf die Welt bringen", will ich schlicht und einfach „buchstäblich" sagen. *Buchstäblich* heißt, daß „das, was durch die Buchstaben repräsentiert wird, was buchstabengetreu interpretiert," wörtlich genommen wird. Nun, wir nehmen unseren Körper, unsere Haut, unseren Schweiß, unsere Lust, unsere Sinnlichkeit, unser Genießen wörtlich. Das sind jene ersten Buchstaben, die den Anfang unserer Texte bilden. Wir nehmen auch unsere Energie und unsere Geschicklichkeit wörtlich und machen daher aus unserem Begehren eine Spirale, die uns in Richtung Sinn in Bewegung setzt. Ein Sinn, dessen Ursprung wir sind, und nicht eine Sinnlosigkeit, an die wir uns anhängen, wie Sternschnuppen im großen, patriarchalen Kosmos. Ich glaube, daß nur die Frauen und die Lesben symbolisch und real unsere Flugbahn zum Ursprung und zur Zukunft des Sinns, den wir zukünftig in der Sprache haben werden, rechtfertigen können.

Am Ursprung des Sinns zu sein bedeutet, daß das, was wir von uns in die Welt projizieren, dem ähnlich ist, was wir sind und von uns entdecken, und nicht die patentierte Version, die das patriarchale Marketing aus uns in Person und in Riesenpostern gemacht hat.

Schreiben bedeutet für eine Lesbe zu lernen, daß die patriarchalen Poster von den Zimmerwänden zu nehmen sind, zu lernen, eine Zeitlang mit leeren Wänden zu leben, zu lernen, keine Angst vor den Phantomen zu haben, die die Farbe der weißen Wand annehmen. In literarischen Worten heißt es, die Vergleiche zu erneuern, neue Analogien herzustellen, einige Tautologien zu riskieren, gewisse Paradoxa; heißt, tausendmal den ersten Satz wieder zu beginnen: „a rose is a rose is a rose“, oder wie Djuna Barnes zu denken, daß „ein Bild die Pause ist, die der Geist zwischen zwei Unsicherheiten macht“; heißt, das Risiko auf sich zu nehmen, zuviel zu sagen und nicht genug zu sagen; heißt, zu riskieren, daß frau nicht die richtigen Worte findet, um mit Präzision zu sagen, daß wir die einzigen sind, die imaginieren können; heißt das Ganze für das Ganze zu riskieren, zwischen Worten, die ohne jene Leidenschaft, die wir für die andere Frau haben, nur tote Buchstaben wären.

Ich glaube, daß die leidenschaftliche Liebe zwischen zwei Frauen für den Geist so unbegreiflich ist, daß wir, um davon zu sprechen oder dies in allen seinen Dimensionen zu schreiben, die ganze Welt neu denken müssen, um zu verstehen, was uns widerfährt. Wir können die Welt aber nur mit Worten neu denken. Die lesbische Liebe scheint mir also in ihrem Wesen eine Liebe zu sein, die weit über den Rahmen der Liebe hinausgeht. Was in uns ist und über uns hinausgeht, ist wohl eines der Rätsel, die die Schrift, die Fiktion und vor allem die Poesie betreffen.

Es scheint mir, daß die Lesben, um über das hinauszugehen, was sie sind, ein Bett, einen Arbeitstisch und ein Buch gleichermaßen brauchen. Ein Buch, das wir gleichzeitig lesen und schreiben müssen. Dieses Buch ist unveröffentlicht, aber sein langes Vorwort, in dem Namen wie Sappho, Gertrud Stein, Djuna Barnes, Adrienne Rich, Mary Daly, Monique Wittig usf. zu finden sind, ist bereits bekannt. Außerdem beinhaltet dieses Vorwort eine gewisse Anzahl von biographischen Anmerkungen, die die Schuldigkeit, die Demütigung, die Verachtung, die Verzweiflung, die Freude, den Mut, die Revolte und die Erotik der Lesben aller Zeiten erzählen.

Das Buch hat leere Seiten, das Vorwort regt zum Träumen an.

Ich weiß, daß die Lesben üblicherweise nicht auf den Plafond schauen, wenn sie sich lieben, aber eines Tages schaute ich währenddessen hinauf, und das schönste Fresko aller Zeiten ist mir erschienen, beim Ehrenwort einer Lesbe. Es war ein absolut reales Fresko, worunter stand: Eine Lesbe, die die Welt nicht neu erfindet, ist eine Lesbe, die im Aussterben begriffen ist.

GEWISSE WORTE

Mitten durch schlimmste Unglücksfälle, kühnste Nächte der Anbetung, tragische Tode, Berührung weichster Haut, Meeresstrände, bekleidet mit einem utopischen Körper und der Ekstase, gehen wir geschickt im Relief der Wörter voran, mitten durch die scharfen Korallen der Isla de las Mujeres. Mit dem Körper einer Frau bekleidet, gedulden wir uns am Rande der Seiten und warten auf eine weibliche Präsenz. Wir drehen die Seiten mit unseren nassen Fingern um. Wir warten, daß die Wahrheit ans Licht bricht.

Von einer Lektüre zur anderen verbanden sich die Wörter, als ob sie die Ausdauer unserer fixen Idee, unserer wenigen Bilder von uns selbst beweisen wollten, die sich uns nur im fiktiven Raum jener Version, die wir der Realität geben, offenbaren. Von einer Lektüre zur anderen dichten und verdichten wir unseren Wunsch, das zu identifizieren, was uns mit Enthusiasmus erfüllt und uns in diesen Zustand unbeschreiblicher Glut stürzt.

Wenn sich dieses Feuer unser bemächtigt, sagen wir, daß

wir von unserer Lektüre gefesselt werden und schreiten langsam, Hals über Kopf, unserem Schicksal entgegen. Unser Schicksal ist wie ein Projekt, ein Leben, das unzählige Linien in uns weben. Einige davon heißen „Linien der Hand, die das Gewicht hält". Diese Linien versorgen unseren Körper mit Leben, wie eine Logik des Denkens der Bedeutungen. Mitten in der Lektüre erkennen wir, daß ja wir Grund und Ursprung der uns umgebenden Gesichter und Landschaften sind, denn wir spielen auf sie an wie auf eine Kindheit, ein Begehren, eine Tendenz. Mitten in der Lektüre hören wir Murmeln, Schreien, Flehen; wir hören unsere Stimme, die ihren Horizont sucht.

Es gibt in unserer Lektüre Malvenfarben, Indigo, Entsetzen erregende Blicke, Frauen, die mit Schmuck und Schweigen bekleidet sind. Es gibt geprüfte Körper, verwirrende Erscheinungen. Wir öffnen und schließen die Augen vor ihnen, in der Hoffnung auf eine Klangfolge oder ein Gespräch. All unser Eifer verschwindet in diesem Gespräch, damit die Wahrheit ans Licht kommt.

Mitten durch die Theorie, die Logik der Bedeutungen, die Paradoxa und durch das Gefühl zu werden, schreiten wir in der Intention der Formen voran. Es passiert, daß wir mitten in der Nacht erwachen, um eine Passage zu lesen und Frauen wiederzufinden, die wir begehren. Und während wir diese unterstrichene Passage lesen, ist in unserer Brust ein „unbeschreibliches" Gefühl, das uns bis zur Morgendämmerung wachhält. In der Morgendämmerung ist unser Geist extravagant; er irrt in verbotenen Zonen umher, und wir haben keine andere Wahl, als diese zu erforschen. Man sagte mir, daß Frauen in der Morgendämmerung schreiben, wenn sie in diesem Zustand sind. Man sagte mir, daß sie manchmal in Tränen ausbrechen.

„Ich kenne die Rhythmen der Stimme, ich kenne ihr Zusammenfahren. Ich kenne das Abenteuer und die Erfahrung des Blicks.“ Dorthin stürmen wir bei jeder Lektüre, ungläubig vor der Wahrheit, die in uns aufbricht, wie eine Erinnerung des Schattens und der Glut.

Die Worte, auf die wir aufmerksam werden, lassen sich auf uns anwenden und erfüllen uns mit Unruhe und Freude. Diese Worte sind Offenbarungen, Rätsel, Adressen. Wir verändern sie mit einer Methode des Zugangs, die unserem Bewußtsein entgeht, und dennoch wird unser Bewußtsein durch sie erhellt. Als Leserinnen werden wir Anspielung und Tendenz eines Textes.

Was uns bei einem Satz oder einem Ausdruck belebt, ist eine Entscheidung zu sein. Also beugen wir uns schnell über den Text, um schließlich im Feuer des Gefechts die Geste unseres Begehrens zu erreichen. Jede intensive Lektüre ist ein Aktionsradius, in dem wir die Übereinstimmung, die zwischen uns zu entstehen beginnt, auf frischer Tat ertappen.

Mitten durch die Achsen und Gleichungen, durch die berauschenden Mutproben und das Licht, das unseren Weg erhellt, schreiten wir in unserer Lektüre wie in der Theorie voran und werden zu dem, was wir wünschen. Wir schreiten voran zu der Verwirklichung einer subtilen, komplexen Frau, die den Prozeß und die Formen der Entwicklung unseres Denkens widerspiegelt. Die Worte sind eine Art, das Begehren zu verschlingen, das uns verschlingt, mit Vergleichen, die uns dorthin führen, wo wir selbst zum Hunger nach der Wissenschaft und zur Wissenschaft des Bewußtseins werden.

Wenn unsere nassen Finger die Seiten umdrehen, vom Schrecken zur Ekstase kommen, stehen wir der Ewigkeit gegenüber, leichtgläubig und atheistisch vor der Summe der Körper, der Schädel, der Orgasmen; wir stehen dem Jenseits des Ganzen gegenüber und werden zu der Präzision des Begehrens im unbeschreiblich kosmischen Raum des Gehirns.

Wahrlich, der sensationelle Effekt der Lektüre ist ein Gefühl, das wir nicht ausdrücken können, wenn nicht dadurch, daß wir es unterstreichen. *Das Intime der Ewigkeit ist eine Intrige, die wir bei jeder Lektüre neu erfinden.* Alle Lektüre ist eine Intention von Bildern, Intention eines Schauspiels, das uns Hoffnung gibt.

VERENA STEFAN

Wenn ich keinen Weg auslassen will

Im Fernsehraum läuft der Fernseher. Weiße Frauen und Männer sitzen in Clubsesseln um niedrige Tischchen, mit den Gesichtern zum Bildschirm, und rauchen. Barbara löst sich vom Türrahmen und steuert auf einen freien Sessel zu. Auf dem Bildschirm nähern sich zwei hochgewachsene schwarzhäutige Gestalten. Sie laufen in einer weiten Fläche ohne Horizont durch savannengelbes Gras. Glück, denkt Barbara. Was ist das, und kann man es selber machen?

Die schwarzhäutigen Gestalten laufen leichtfüßig lautlos nebeneinander. Ein weithin sichtbarer Baum rückt in die Mitte des Bildschirmes. Gleichzeitig kommen die beiden Gestalten ohne Worte darunter zum Stehen. Barbara zündet sich eine Zigarette an. Jule dreht ihr morgens den Rücken zu, wenn sie fragt: Was hast du geträumt, und sagt: Nichts. Immer wird sich Barbara daran erinnern, wie oft sie den Rücken der Mutter gesehen hat, bevor die Haustür hinter ihr zufiel. Immer wird sie sich später daran erinnern, wie sprungbereit und wendig der Rücken der Mutter war. In allen Gesprächen über ihre Ängste vor Trennungen kann sie sich daran erinnern, wie sie als kleines Mädchen im Hausflur steht und sieht, wie der Rücken der Mutter sich aus der halbgeöffneten Türe hinwegstiehlt. Die Erstarrung löst sich, wenn die Tür ins Schloß fällt. Das kleine Mädchen beginnt, Zetermordio zu schreien. Jedesmal glaubt sie, die Mutter sei weg für immer.

Die Kamera holt die beiden Gestalten unter dem Baum jetzt ganz nah heran. Barbara sieht, wie Haut und Stoff ineinander übergehen mit der gleichen Schwärze. Der Baum wirft keinen Schatten.

„So, wie die angezogen sind, kann man gar nicht sehen,

daß das Jäger sind“, mault einer der Gäste. Barbara dreht sich um und sieht, wie eine Frau ihren Kopf an die Schulter des Mannes lehnt und kichert. Ihre Gesichter sind jung und gemästet und starren enttäuscht auf das Bild. Die Jäger tragen gegürtete Kittel aus schwarzem Stoff und Pfeil und Bogen. Sie sitzen unter dem Baum und beginnen, Gesicht und Arme mit einer Salbe einzureiben. Aus dem Fernseher spricht eine männliche Stimme in die Savanne hinein. Die Jäger haben vor, Vögel zu imitieren, die mit den Antilopen zusammenleben, die die Jäger jagen wollen. Die Salbe rieche wie diese Vögel. Im Bild erscheinen Vogelmasken mit schwarzen Federn und langen gebogenen Schnäbeln. Es seien die erlegten, ausgestopften Köpfe der Vögel, die mit den Antilopen zusammenleben. Die Jäger setzen sich die Masken auf. Dann rufen sie den Jagdgeist an. Dabei dürfe nicht gefilmt werden.

„Wir nehmen uns ja immer etwas Interessantes zum Lesen mit in den Urlaub“, sagt ein anderer Gast. Er blickt gähnend zum Fernseher und setzt die Bierflasche an. „Diesmal habe ich *Das Geheimnis der Pharaonen* dabei. Also das grenzt an Zauberei. Was sich damals in den Pyramiden abgespielt hat, das grenzt an Zauberei.“ Die schwarzhäutigen Jäger kriechen jetzt auf allen Vieren zwischen schwarzgefiederten Vögeln umher und picken im gleichen Rhythmus wie diese geduldig mit den langen Schnäbeln auf der Erde. Sie nicken wie die Vögel mit den Vogelköpfen und rucken mit den Hälsen. Die schwarzen Jäger und die schwarzen Vögel bewegen sich pickend und spähend zwischen den grasenden Antilopen. Sie haben Regeln, denkt Barbara. Sie wissen, wann sie sich verwandeln müssen und wie sie eine Beschwörung wieder aufheben. Ich weiß, daß ich weiß, das kleine Mädchen im Hausflur und der Rücken der Mutter, der gerade entwischt, das ist nicht der einzig wirksame Zauber. Es war harmlos. Sie ging nur ins Kino. Wenn sie für einige Tage verschwand, war sie immer bei ihrer Kusine. Aber ich weiß nicht, wie ich den Schreckenszauber von damals aufheben könnte. Die schwarzen Vögel schreiten zwischen den schwarzen Jägern hindurch.

„Mir schleierhaft, was der ganze Kokolores hier soll“, grölt der Pharaonenleser. „Die können doch ihre dämlichen Antilopen einfach so abschießen, ohne die ganze Kriecherei.“ Ein Jäger hat sich dicht an eine Antilope herangeschlichen. Sie wittert unruhig, entfernt sich einige Sprünge weit.

„Schieß doch, du Blödmann“, brüllt der Pharaonenleser. Die Antilope steht noch so nahe beim Jäger, daß er sie treffen könnte. Doch er läßt Pfeil und Bogen sinken und beginnt, geduldig und von neuem, in der Gangart der Vögel zu stelzen und zu picken. Der Sprecher im Fernseher erklärt, der Jäger lasse die Antilope laufen, weil sie die Täuschung bemerkt habe. Das verstoße gegen die Jagdehre und gegen die Übereinkunft mit dem Geist des Tieres. Er dürfe die Antilope erst dann erlegen, wenn sie ihn für einen Vogel halte.

Barbara sieht auf ihrem inneren Bildschirm Jule durch die Wohnung hüpfen und mit einem kleinen Stück Papier wedeln. Sie hört sich sagen: „Früher bist du meinetwegen vor Freude gehüpft!“ und beißt sich auf die Lippen. „Geld!“ hörte Barbara Jule jubeln, „Geld! Jetzt kann ich losfahren.“ Der Pharaonenleser heult auf. „Kein Wunder, daß es diese Kaffern nie zu etwas bringen. Da hat er das Viech endlich vor der Nase und läßt es laufen!“ Sie haben angefangen, nur im Augenblick zu leben, denkt Barbara. So wie Tiere im Augenblick leben. Das gibt Zeit, unendlich viel Zeit. Sie dürfen in den spiegelnden Augen der Tiere die Achtung nicht verlieren. Die Antilopen grasen ruhig weiter. Ein Jäger kriecht noch einige Schritte mit und pickt gleichmäßig mit dem Schnabel auf die Erde. „Vielleicht hat er längst vergessen, daß er ein Jäger ist“, sagt Barbara laut. Der Pharaonenleser schaut sie grimmig an, die anderen drehen sich um. Ein Jäger richtet sich lautlos auf und läßt den Pfeil von der Sehne schwirren. Eine Antilope bricht zusammen. Die anderen donnern davon, die Vögel fliegen auf. Auf dem Bildschirm weht gelbes Gras über die Savanne. Die Jäger seien jetzt dabei, sich beim Geist des getöteten Tieres zu bedanken. Auch das dürfe nicht gefilmt werden.

„Barbara", sagt Jule. Sie liegen nebeneinander auf den einzeln stehenden Betten. Die Fensterflügel stehen offen. Im Luftzug bewegen sich milchige Vorhänge hin und her. „Barbara, ich will wirklich fahren."

Sie kann das Metall des Flugzeugs riechen, den schalen Geruch der Polstersitze. Zeitungen rascheln, Gurte klicken, eine fremde Geschwindigkeit zieht den Körper in Bann und läßt ihn schräg nach oben sausen. Ein hoher anhaltender Ton, bis sie angekommen sind oben über den schimmernden Wolken. Sie rollt sich an Barbara heran, legt das Gesicht an ihre bloße Haut im Hemdausschnitt. Barbaras Haut riecht feucht und matt. Anfangs haben sie gezittert vor Sehnsucht, wenn sie ihren Geruch einatmeten und einander umschlungen hielten. Barbara schlüpft unter Jules Gesicht weg und streift sich beim Hinsetzen das Hemd über den Kopf. Ihre Brüste leuchten hell durch das Abendlicht, recken sich zum Fenster hin. Ihr Rückgrat richtet sich auf, blitzschnell, zischend: „Wenn du fahren willst für ein halbes Jahr, ist es aus mit uns." Ihre Brüste mit den dunklen Höfen heften sich auf Jule, starr wie ein Augenpaar ohne Lidschlag. Jules Körper dreht sich zur Seite und steht auf. „Nein", sagt sie rasch. „Nein." Ihr Magen zieht sich zusammen. Angst, denkt sie. Zerfleischung und keine Gesetze. Warum jetzt Angst? Nicht vor der Zukunft. Vor der Gegenwart. In der Zukunft sieht sie Formen, die sie liebt. Flugzeuge, Busse, Rucksack, Schlafsack.

Barbara läßt sich aufs Kissen zurückfallen und verschränkt die Hände hinter dem Kopf.

„In einer Pension ist alles so schrecklich vergänglich",

spottet sie. „Die vor dem Bildschirm sitzen, klagen ihr Recht auf ein gutes Programm ein. Die Jäger hingegen können das, was ihnen das Liebste und Teuerste ist, vor der Kamera geheimhalten. Sie scheinen sich nach Regeln zu bewegen, die sie kennen."

Jule steht am Fenster und schaut hinaus. Sie weiß es auch, denkt sie. Wie sorgfältig haben wir alles voreinander ausgebreitet! Die Kindheit, die Träume, die Tagebücher, die Kontoauszüge! Wir haben alles getan, um etwas in Schach zu halten, das hinter den schönen Brüsten lauert, hinter den Erregungen in den Körpern. Wild wuchernde Gefühle mit aufgesperrtem Rachen. Sie müssen gefüttert werden, klopfenden Herzens, die Arme voll Sanftmut, mit warmem, blutendem Fleisch.

„Da draußen ist alles in Ordnung", sagt sie ruhig. „Die Rosen blühen rot, weiß und gelb, auf dem Rasen liegt kein Stäubchen. Die Terrasse ist geschrubbt. Auf dem Kiesweg knirschen die Schritte. Gegenüber im Park geht eine Frau in einem hellen Kleid zwischen Bäumen hin und her."

Barbara zieht die Bettdecke über sich. War das alles? Die dritte Frau, die vierte, und dann? Jedesmal ein Weltreich aufgebaut und zertrümmert. Wenn sie einschliefen miteinander in ihren warmen Körpern, flogen sie weit in ein Universum hinaus, das von Bildern flimmerte, in denen sie Regie führten. Zusammen konnten sich ihre Körper anfühlen wie Kriechtiere aussahen, fest, nachgiebig, glatt, geschuppt und geschmeidig. Hemmungslos, denkt Barbara. Hemmungslos haben wir gelebt, alles voneinander wissen wollen und geglaubt, nie würden wir uns aufeinander stürzen wie Monster.

„Es ist alles nur Tarnung gewesen", sagt sie laut. „Das ganze Wissen, was hat es für einen Nutzen? Du willst weg in ein Land, in das ich nicht will."

Jule knallt das Fenster zu. „Du willst überhaupt nicht weg."

Das Zimmer füllt sich mit schattiger Luft. Im Park gegenüber sieht sie das Licht einer Taschenlampe aufblitzen. Sie geht zur Türe.

„Wo gehst du hin?“ ruft Barbara. „Warum haben wir uns denn genommen?“

Jule horcht auf, lauscht auf diese Stimme, mit der Barbara lange nicht gesprochen und im Halbdunkel mühelos Sätze freigegeben hat aus ihrem Inneren.

„Soll denn alles ein furchtbarer Irrtum gewesen sein?“ ruft Barbara. „Wo gehst du hin?“ Jule zögert. Die Türklinke ist glatt und kalt. „Ich muß laufen“, sagt sie und geht hinaus.

Immer wird sie sich daran erinnern, wie sie als kleines Mädchen gelernt hat, selber die Schnürsenkel zuzubinden. Immer wird sie sich an jene Sekunden erinnern können, dort im dämmrigen Treppenhaus. Wenn sie sich Jahre später fragt: Glück, was ist das? wird sie sich erinnern, wie sie auf der untersten Treppenstufe sitzt als kleines Mädchen. Wie sie auf die Schuhe an ihren Füßen starrt, auf die Schleife, die sie gerade gebunden hat. An dieser Sekunde wird sie später alle anderen Glückssekunden messen, jeden Triumph: Ich weiß, wie Schuhe binden geht, jetzt kann ich loslaufen.

Jules Schritte knirschen auf dem Kiesweg. Die Luft zieht angenehm kühl durch die lichte Dämmerung. Am Eingang des Parks gegenüber sieht sie wieder die Frau im hellen Kleid auftauchen. Jule überquert die Straße und späht neugierig in den Park. Die Frau trägt weiße Turnschuhe.

„Müssen sie auch noch Luft schnappen?“ fragt sie. Jule nickt.

Eine Turmuhr beginnt zu schlagen, dreimal langsam, tief. Die Frau legt den Kopf schief und lauscht.

„Viertel vor zehn muß es sein“, sagt sie zufrieden, „dann kann ich ja noch eine Stunde gehen.“

„Als ich drüben in der Pension am Fenster stand“, sagte Jule, „habe ich den Schein ihrer Taschenlampe zwischen den Bäumen gesehen.“

Die Frau dreht sich von der Straße weg und beginnt, in den Park hineinzugehen, während sie mit Jule weiterspricht. „Hinten im Park ist es manchmal so dunkel“, sagt sie, „daß ich ohne Taschenlampe nichts sehen kann. Die Wege hier sind ziemlich verwildert.“ Die Frau geht jetzt schneller, sie läuft beinahe und spricht dabei vor sich hin. Jule strengt sich an, mit ihr Schritt zu halten, damit sie sie verstehen kann. Unter den dichten Baumkronen scheint es bereits tiefe Nacht zu sein. Büsche und Sträucher von beiden Seiten des Weges rücken an sie heran. „Wissen sie, ich muß jeden Tag mehr als zwei Stunden gehen, wenn ich keinen Weg auslassen will und damit sie nicht ganz zuwachsen.“ Das Gras netzt Jules bloße Füße in den Sandalen. „Wohnen sie hier ganz allein?“ ruft sie. Der Schein der Taschenlampe huscht kreuz und quer über den Weg, an den Fuß der Baumstämme heran, über Wurzeln und umgeknicktes Gras. „Ich bin nur hier, weil ich geerbt habe“, ruft die Frau zurück. „Früher kam ich höchstens einmal im Jahr zu Besuch. Meine eine Schwester lebt in Amerika und will nichts mehr mit unserem Gut zu tun haben. Die andere wohnt in Köln und würde Geld geben für einen Gärtner. Aber ein Gärtner allein genügt nicht, finden Sie nicht auch? Es müßte hier jemand wohnen. Brauchen sie eine Wohnung?“ „Wir haben eine Wohnung und übernachten hier nur auf der Durchreise“, sagt Jule mürrisch. Ihre Füße sind kalt geworden. Sie stolpert über eine Wurzel. „Hoppla“, ruft die Frau, „geben Sie gut acht!“ Sie rennt jetzt durch die Dunkelheit. Jule hört ihren Atem pfeifen. „Als Mädchen haben wir richtige Landkarten gemacht“, keucht sie und bleibt stehen. „Wir haben die Wege vom ganzen Grundstück eingezeichnet, alle mit Namen. Alle unsere Geheimplätze. Die Karte ist bei der Schwester in Amerika. Wenigstens die könnte sie mir doch schicken. Ich habe versucht, eine neue zu machen, aber ich kann mich nicht mehr erinnern, wie wir damals alles gesehen haben.“ Sie leuchtet unbestimmt in die Tiefe des Parks. „Dort hinten wird es ganz undurchdringlich, dort war der Ententeich. Still, hören Sie?“ Sie legt eine Hand auf Jules Arm. Das Quaken und Schnarren von Fröschen dringt zu ihnen hinüber. Die Frau geht nach links weiter. „Kommen Sie, ich zeige Ihnen den Springbrunnen. Ich bin Reiseleiterin. In Griechenland kenne ich mich aus, aber hier kann ich mich verlaufen.“

„Dort, wo ich wohne mit meiner Freundin“, sagt Jule, „gibt es keinen Weg, den wir nicht schon zusammen gegangen sind. Ich will auch wieder reisen. Nach Nepal.“

„Du liebe Zeit.“ Die Frau schüttelt sich. „Wollen Sie etwa ganz allein dort hinten hin? Das ist doch gar nicht mehr in Mode.“

„Es gibt jetzt Frauentreks“, sagt Jule. „Ich habe geerbt, und nach Nepal wollte ich immer schon.“

„Aha, auch geerbt“, murmelt die Frau. „Das ist angenehm und immer schwierig.“ Sie läuft um den Springbrunnen herum. „Früher hatten wir Goldfische darin. Jetzt ist er ganz verschlammt.“

Die Feuchtigkeit steigt aus dem Gras hoch und tropft von den Bäumen. Jule fröstelt. Sie könnte im Stehen einschlafen. „Ich gehe lieber wieder hinüber“, sagt sie, „wir müssen morgen früh weiter.“

Die Frau leuchtet mit der Taschenlampe vor ihr her.

„Wenn sie in dieser Richtung weitergehen, kommen sie zum Hauptweg und direkt zum Tor. Ich muß hier noch eine Runde drehen, gute Nacht.“

Jule trottet, die Hände in den Taschen, bereits davon.

Sie liegen flach ausgestreckt nebeneinander auf dem Rücken mit weit geöffneten Augen im Dunkeln.

„Es sind die Regeln“, Barbara Stimme klingt schläfrig. „Sie haben Regeln, jedenfalls für die Jagd. Ob sie sonst glücklich sind, weiß ich nicht.“ Tränen rollen über ihr Gesicht, rutschen schräg von den Wangenknochen zu den Ohren hinab. „Stell dir vor, diese Frau“, murmelt Jule. „Jeden Tag geht sie alle Wege ab, damit sie nicht zuwachsen.“

„Unsere Wege werden auch bald zugewachsen sein, wenn du verschwindest und wir sie nicht mehr gehen“, erwidert Barbara heftig. Jule wirft sich auf die Seite und ballt die Fäuste.

„Ich möchte mich wieder einmal verlieben“, flüstert sie in die Dunkelheit hinein. „Nur hingerissen sein und fasziniert, ohne zu wissen, was mich an ihr ängstigen könnte oder stören.“

„Ich weiß, daß es nicht an meiner Mutter liegt“, flüstert Barbara auf der anderen Seite des Bettes. Sie schnieft. Warum sie mitten im Essen aufspringen mußte und loslaufen, bleibt ihr Geheimnis. Trotzdem mag ich lieber, was zusammenbleibt als das, was losläuft.

Wenn sie doch die Wege wieder zuwachsen ließe, denkt Jule. Das breitgetretene Gras könnte sich langsam aufrichten und vergessen, während es wächst. Die Grashalme leuchten grün und schneidend scharf in ihre ersten Traumbilder hinein. Sie wachsen über die gegangenen Schritte und die gefallenen Worte zwischen den Schritten. Barbaras Körper wärmt sich auf, während sie in den Schlaf gleitet. Die Wärme entsteht inwendig in den Knochen. Sie dringt durch alle Gewebeschichten hindurch bis in die dünn gespannte Haut, die wartet, ohne zu rufen.

MARIANNE GRUBER

Medea

Da ist sie wieder, die alte Stimme, die mich nicht zu rufen verstand, zu leise, um mich aus meinem Grab zu holen, zu laut, um mich Frieden finden zu lassen. Und mit ihr all die Geschichten, die sie herbeimurmelt, Geschichten um Geschichten, von denen niemand mehr weiß. Schwer zu sagen, ob wahr oder erlogen, erfunden oder erlebt. Fest steht nur, daß ich wieder träume, seit ich in dieses Zimmer zurückgekehrt bin, in dem ich angeblich geboren wurde, in dieser Stadt, in der ich zu Hause gewesen sein soll. Ich träume von den Dingen, wie sie wirklich sind, von Toten, sagt die Stimme, vom wahren Gesicht, das ihnen das Leben nie gelassen hätte. Von der Gnade des Ungeborenseins, sagt sie, als wäre nur das nie Geschaute nicht geschändet.

Woher ich komme, weiß ich nicht mehr, meinen Namen habe ich vergessen. Ich bin, das ist alles. Und die Geschichte meiner Geschichten hat dem nichts hinzuzufügen. Geburtsort, Städte, Jahreszahlen, dazwischen ich, das ist alles. Ein abgestürzter Clown, sage ich, ein Pflegefall sagen die anderen. Bettlägerig in der Dämmerung seines Zimmers, pfui Teufel. Einer, vielleicht eine, die längst von nichts mehr wüßten, gäbe es nicht die Stimme, die spricht und spricht. Sie flüstert mir Namen zu, Othello, Desdemona, Jason, Medea und andere, ich weiß nicht, woher. Menschenschicksale, deren mehrere vermutlich und ziemlich unbestimmt, denn der Clown hat kein Geschlecht. Alles andere ausgelöscht und vorbei. Erinnerung, sagt die Stimme, verloren, sage ich. Das Ich wird sich dem bald anschließen, ich fühle es. Die Welt hört auf, wenn auch nur in diesem Kopf. Aber sie hört nicht auf. Das zwingt mich, dort zu sein, wo sonst niemand ist.

Ja, kommen Sie näher. Noch bin ich ein Suchender, seltsame Vorstellung, von diesem Zentrum aus, das keine Mitte mehr kennt, ein Suchender zu sein, der ohne Bewegung, stillliegend, während alles andere sich dreht, Sturm erfleht, großen Sturm, auf daß er sich alles unterwerfe und solcherart der Sklaverei endlich ein Ende bereite. Alle auf den gleichen, schwankenden Planken, unter dem gleichen Sturm, seltsames Gleichgewicht, niemand mehr, der den Galeerensklaven den Takt schlägt und ihre Ketten bewacht, die Aufseher endlich überlistet, die Peitschen überlistet, die Häfen überlistet durch eine Tiefe, die kein Anker hält, so sind wir, bloß darübergeworfen, nicht gestrandetes Strandgut, das Spielzeug eines vergeßlichen Kindes, eines Knaben vielleicht, der den Kosmos gewinnen wollte, Jason, eines Mädchens vielleicht, ehe es Medea wurde. Spieler und Spielzeug, das sind wir, selbst die Reste eines Spieles, das wir nicht mehr spielen. Schliefen wir in Ewigkeit, es vermöchte uns nichts anzuhaben, aber da sind wir, wach, wenn auch nicht wachen Geistes, weder Bleibende noch Fortgehende, voll Erinnerungen, sinnloses Stückwerk und voll Fragen, mit denen sich ein müder Geist schützen will, die er wie Ankerseile in die Tiefe läßt, um den Antworten zu entgehen, die er längst kennt.

Wenn sich alles ausleeren ließe, wenn sich alles tilgen ließe, wenn sich alles fortbringen ließe, wenn wir noch einmal alles heimbringen könnten, wie von Heimat reden, Gast, der ich immer nur war. Ja, wenn die Fremde endgültig wäre. Ja, wenn die Fremde endgültig wäre, das sagte auch Medea. Man ist, wo immer man ist, ein Element des Jetzt, der Vergangenheit, sagt die Stimme, der Zukunft, wollte ich sagen, ich kann es nicht glauben.

Nun gut, Medea, Medea also. Sie hat mich viel über die Menschen gelehrt während der Zeit, da ich sie begleitete. Es fing mit einem Lächeln an jenem Nachmittag im Garten ihres Vaterhauses an, aber ich wußte nicht, daß dies der Beginn war.

Wir lebten damals in Kolchis, sie die Tochter des Königs und Priesterin, ich ihr Narr. Von Jason war noch nicht die Rede, auch nicht vom Vlies. Ihr Vater, der Bruder hatten sich noch nicht am Gastfreund vergangen, kein Versprechen gebrochen, niemanden bestohlen oder getötet. Mit einem Wort: Alles – Mord, Verrat, Krieg und Verzweiflung – sollte erst geschehen. Diesen Teil der Geschichte kennen Sie gewiß. Sie ist oft und oft erzählt worden, jedesmal ein wenig anders, jedesmal mit einem anderen Schicksal verbunden. Nur das Ende war immer das gleiche.

Es hieß, sie sei das schönste Mädchen im ganzen Land, der Stolz des Vaters, die Schlaflosigkeit vieler Männer in heißen Nächten, der argwöhnisch bewachte Schatz des Bruders. Schön, vielleicht auch geliebt und oft beneidet, eine Wissende, eine Seherin. Wahrscheinlich war es das, was sie später verurteilte. Man weiß nicht folgenlos um die Welt.

Um in ihrer Nähe bleiben zu können, erzählte ich überall herum, daß ich ihre Geschichte für später einmal aufschreiben wollte.

Sie lächelte, als sie das hörte und meinte: Wenn du jemals Medeas Geschichte erzählen solltest, wirst du immerzu von Jason sprechen.

Ich wußte noch nichts von Jason. Wer ist er, fragte ich.

Er ist der, der kommen wird, antwortete sie leichthin.

Ach ja, ein Traum, mit dem die Jugend das Leben vorausträumt, ein Wunschbild, das dann und wann durchaus Wirklichkeit werden kann, aber sie schüttelte den Kopf. Keine Prophezeiung, kein Traum, bloß Wissen.

Ich verstand sie nicht. Nun sag schon, woher du es weißt, beharrte ich.

Sie blickte über die Ebene, an deren Beginn wir standen, und dann zurück zum Haus ihres Vaters, zum Schloß, das auf einer Anhöhe lag, und war plötzlich sehr ernst und irgendwie abwesend. Hast du keine Geschichte, daß dir die Zukunft so völlig im dunkeln erscheint, fragte sie.

Ernst kannte ich sie dann und wann. Ich führte es auf ihre Erziehung zurück, auf den Ehrgeiz des Vaters, der das Priesterinnenamt in der Familie behalten wollte. Wer die Träume der Nacht deuten kann, hat jenen Teil der Macht in Händen, den das Schwert nie erreicht. Dieser Ernst, nun, erschreckte mich.

Ich versprach ihr, sie zu beschützen. Ich beschwor sie, wenn sie schon wußte, daß dieser Jason ihr Leid zufügen würde, es ihrem Vater zu sagen, dem Bruder, dem Staatsrat. Niemand würde sie irgendeiner Gefahr preisgeben.

Ich packte sie an beiden Armen. Nie zuvor hatte ich sie zu berühren gewagt, nie mehr danach. An diesem Tag ergriff ich sie, schüttelte sie, beschwor sie. Sie schaute mich mit weit geöffneten Augen an, befreite sich dann mit einer schnellen Bewegung, plötzlich wieder das Mädchen Medea, dem das ganze Leben noch offenstand, lief durch den Garten und narrte mich.

Laß uns um die Wette laufen, rief sie von weitem. Wenn du mich fängst, darfst du dir etwas wünschen.

Ich lief ihr nach und holte sie zu unser beider Überraschung ein. Schwer atmend stand ich vor ihr. Fast zornig sagte ich: Bleib am Leben.

Das ist alles, was du willst?

Ich nickte und drehte mich weg.

Ja doch, sagte sie. Wieso nicht.

Versprich es.

Sie versprach es. Wochen später kam sie und sagte: Laß die Geschichte. Niemand wird dir glauben.

Ich war gerade in Gedanken irgendwo weit weg. Warum sollte man mir nicht glauben, fragte ich abwesend.

Sie blickte mich mit ihren wissenden Augen an, plötzlich nicht mehr das Mädchen Medea, und ich senkte den Kopf. Die Augen der Wissenden sind die Augen des Gerichtes, das uns alle einmal ereilen wird. Es war weder Trauer noch Verzweiflung und auch keine andere Regung zu erkennen, nur der unverhüllte Abgrund, der jedes Wissen ist.

Man wird dir nicht glauben, daß du es warst, sagte sie. Ebensowenig wird man dir glauben, daß du es nicht warst.

Bin ich nicht dazu erdacht, von dem zu sprechen, was niemand glauben wird, entgegnete ich.

Ich bemerkte ein leichtes Zucken ihrer Schultern, unwillig zuerst und dann, als versuchte sie, eine Last abzuschütteln. Ach, der Narr redet und redet und weiß nicht, wovon. Worte ... Wir wissen nie, wovon wir sprechen, wenn wir reden. Worte. Einfach dahingesagt, leichtfertig, schon vergessen vor der letzten Silbe, aber gewiß nicht unschuldig.

Nun, nun, wollte ich sagen. Was ist plötzlich mit dir. Ich glaubte zu wissen, daß es nichts abzuschütteln gab. Noch nicht. Keine Wolke stand am Himmel. Der Tag war hellheiter, Medea, das Mädchen, durfte sich der Liebe aller gewiß sein. Ja, gewiß, ich hatte meine Ahnung, sie aber hatte mehr. Sie wußte, sie wußte es.

Bist du dazu erschaffen, fragte sie. Bist du tatsächlich dazu erschaffen?

Wir haben nie mehr danach über jene Szene gesprochen. Eine stille Übereinkunft, ein Gebot der Klugheit, vielleicht der Angst. Später habe ich mich oft gefragt, ob sie damals schon wußte, wie ihre Geschichte ausgehen und mit welchen Lügen man sie verfolgen würde. Und wie es geschehen konnte, wenn sie um ihr zukünftiges Schicksal wußte, daß Jason sie dennoch zu täuschen vermochte. Und wenn es keine Täuschung war, was sie dazu gebracht hatte, sein Spiel zu spielen.

Wie auch immer, das Schweigen erlaubte mir zu bleiben. Und so war ich an Medeas Seite, als Jason kam, während der Kämpfe in Kolchis, auf dem Schiff ihrer Flucht. Ich wartete vor dem Zelt, wenn er sie liebte, ich war da, als sie ihre Kinder zur Welt brachte. Ich holte das Wasser, mit dem ihre Dienerin sie wusch. Ich hielt den Kindern die Ohren zu, wenn man ihre Eltern schmähte oder wenn sie, wie es später geschah, stritten. Ich lehrte sie Kunststücke, damit sie Medea zum Lachen bringen konnten. Ich begleitete sie auf dem langen Weg, der schließlich am Hofe König Kreons endete.

Jason hatte diesen Ort gewählt, in der Hoffnung, endlich ein Zuhause und Ruhe zu finden. Ruhe vor den ihm nachfolgenden Gerüchten und Verleumdungen, Ruhe davor, ein Held sein zu müssen, Ruhe am Tag und auch nachts. Ja, auch nachts. Medea reizte ihn schon lange nicht mehr. Er schlief neben ihr wie ein Bruder, ein müder, schnarchender Bär, nur darauf bedacht, daß sie an seiner Seite blieb, argwöhnisch oft, voll Eifersucht, obwohl er sie nicht mehr begehrte. Ihm graute vor ihr, die alles ertrug: die Demütigung des Fremdseins, den Frost auf den Wegen, den Hunger, die Nächte in den Scheunen.

Jason, der Held. Das Exil hatte ihn alt gemacht, älter als Medea und auch hoffnungsloser, vor allem, wenn er vor ihr stand. Sie kannte alle seine Verbrechen, durchschaute alle seine Ausreden. In ihren Augen war er der, der er war: von Ehrgeiz zerfressen, ängstlich und kleinlich. Er kontrollierte das Haushaltsgeld und ließ sich die Ausgaben für die Kinder vorrechnen, wenn er wieder einmal Geld für seine Abenteuer brauchte.

Was, schon wieder gewachsen? schrie er.

Kinder wachsen nun einmal, entgegnete Medea ruhig. Sollten sie nicht?

Es ist mein Geld, brüllte er zurück, und Medea suchte ab da Jahrmärkte auf, wo sie als Wahrsagerin ein paar Groschen verdiente. Sie putzte das Silber fremder Leute. Jason nahm zuerst das Geld, später verbot er ihr diese Dienstleistungen mit dem Hinweis, daß sie gegen das Gesetz verstoße.

Was fürchtest du denn, fragte sie. Daß irgend jemand deine Frau erkennen könnte und mit Fingern auf dich zeigt. Jason, der Held, läßt Medea für sich arbeiten? Sich gegen die Not zur Wehr zu setzen, ist keine Schande.

Alles hätte er ihr irgendwie nachgesehen: daß sie schlecht kochte, daß sie den Kindern mehr Zeit widmete als ihm und, egal wo wir uns gerade aufhielten, von Kolchis träumte, wenn auch von einem Kolchis, das es nirgends gab. Es hätte keine

Bedeutung gehabt, wenn er nur in ihren Augen gelesen hätte, daß sie seinen kleinen Betrügereien und Lügen glaubte.

Aber Medea war unfähig zu lügen. Das Leben lag hinter ihr, auch die Feldwege mit den wilden Blumen an den Rändern. Sie hatte zu ihrem Gott gefleht, daß er ihr vergeben möge, und der Gott hatte sie im Traum in den Tempel zurückgeführt. Weit entfernt von ihrem Heiligtum versah sie wieder ihren Dienst. Der Dienst verlangte nichts weiter, nur eines: Wahrheit. Die Wahrheit des Lebens. Während Jason an ihrer Brust wie ein Kind ruhte und „verlaß mich nicht" flüsterte und sie seine Königin nannte, entgegnete sie: Laß uns nicht mehr lügen. Der Weg, den wir gegangen sind, ist zu Ende. Jetzt erwartet uns ein anderer Weg, der kein Weg ist.

Dunkel war ihre Rede. In den Momenten der Ruhe – ach, wenn er doch geschwiegen hätte – ahnte Jason, daß diese Momente die wahren waren. Aber sein Ehrgeiz ließ ihn nicht los, auch nicht seine Ruhelosigkeit. Er hätte Medea lieben müssen, um Frieden zu finden. Das verbot ihm seine Angst. Er hätte das Leben achten müssen, wie es war. Das verbot ihm sein Stolz. Dumpf fühlte er, daß das sie voneinander trennte. So begann er die Frau, die er einmal mehr als jede andere begehrt hatte, allmählich zu hassen. Es war nicht Zorn. Zorn hätte seiner Angst die Würde zurückgegeben, er aber redete von Schande. In manchen Nächten hörte ich ihn das Wort murmeln, Schande über Schande. Schließlich brachte er seine Freundinnen ins Haus. Ab da schlief Medea bei den Kindern.

Irgendwann später nahm uns Kreon auf. Jason und Medea paßten gerade in seine Pläne. Die Opposition hatte ihn einen herzlosen Tyrannen genannt, und das Volk begann zu murren. Ließ der Kerl nicht mehr Steuern eintreiben, als man bezahlen konnte? War es nicht so, daß er, der sich Diener Apollons nannte, statt den Musen des Gottes zu huldigen, dessen unbeugsames Gesetz anrief und unbarmherzig durchsetzte?

Kreon lud die Fremden, Mann, Frau, Kinder, Dienerin

und mich in seinen Palast ein. Eine Geste der Barmherzigkeit, ein politischer Schachzug. Doch seine Rechnung ging nicht auf. Nun murrte das Volk: Zu Fremden ist er gut. Die hier zu Hause sind, läßt er für sich schuften. Zudem begann Jason ein Auge auf Kreusa zu werfen. Sie war so jung, so unerfahren, so unverdorben, wie er einmal sagte. Sie blickte zu ihm auf, wenn er von seinen Leiden erzählte und von seinen Heldentaten berichtete. Fürwahr, eine gefährliche Mischung. Die überstandenen Leiden lassen uns groß erscheinen, bedeutsam, gewichtig.

Kreusa hing an Jasons Lippen, und ihr Mädchenherz weitete sich. Es öffnete sich mit jedem Wort, das er, der tragische Held, zu ihr sprach, mehr und mehr. Er brachte die Welt zu ihr, während sie zu seinen Füßen ruhte. Und als er ihr seine Hände entgegenstreckte, war es um sie geschehen. Die Größe des Vaters machte sie klein, Jasons Bedeutung gab ihr die ihre.

Ich stand hinter blühenden Oleanderbüschen und sah den beiden zu. Und Medea, Medea? dachte ich. Aber auch: Kreusa, ach Kreusa. Sie erkannte die Vögel an ihren Stimmen, Bäume am Schatten, alle Blumen des Gartens und hoffte, dieses Wissen würde ihr nun beistehen. Jason, Jason, flüsterte sie. So hatte vor Jahren Medea geflüstert, unfähig zu anderen Worten. So flüsterte nun Kreusa, unfähig zu anderen Worten. Sie zitterte und legte sich zitternd an seine Seite.

Er war der erste Mann, den sie kennenlernte, und nachdem sie ihn kennengelernt hatte, kam Kreon. Sein Blick war düster. Wie einen Feind starrte er Jason an, dann befahl er ihn mit einer herrischen Gebärde zu sich.

Ist das der Dank für Gastfreundschaft, herrschte er ihn an.

Ich ..., stammelte Jason.

Halt, unterbrach ihn Kreon. Du liebst sie nicht.

Nein, dachte Jason, ich begehre sie, wie ich damals Medea begehrt habe, wenn auch nicht so heftig. Laut sagte er: Sie ist eine sehr schöne Frau.

Vor einer Stunde war sie noch Mädchen, brüllte Kreon. Wie stellst du dir das vor? Du spielst nicht mit ihr. Pack dich und die Deinen zusammen. Bis Sonnenuntergang hast du mein Haus verlassen. Danach schützt dich nichts mehr.

Mit einer Geste, die besagte, daß er keinen Widerspruch dulden würde, wandte er sich ab.

Da stand Jason und sah sich wieder einmal die Koffer packen. Wieder schlechte Gasthöfe, Spelunken, Jahrmärkte. Wieder von der Hand in den Mund leben. Er hatte sich an das Leben im Schloß gewöhnt. Und was sollte er Medea sagen: Bin als präsumtiver Schwiegersohn leider nicht mehr erste Wahl, auch nicht als Liebhaber, also pack zusammen, Schätzchen? Und das alles, weil sich Kreon als etwas Besseres dünkte?

Jason folgte ihm. Halt, sagte er leise. So sprichst du nicht mit mir, der aus königlichem Geblüt stammt.

So spricht man mit Betrügern, entgegnete der König kalt.

Jason straffte sich. Aus seiner Haltung war jede Demut gewichen. Laß uns nicht über Betrug reden, zischte er. Wir sind beide Griechen und Männer, das heißt Betrug um Betrug in unserer alten Welt. Oder wie soll ich deinen sogenannten Akt von Barmherzigkeit deuten? Ich sollte dir nützlich sein. Und in der Tat, König, ich kann dir nützlich sein. Kreusa wird nie den Thron besteigen. Du hast keine Erben. Willst du zusehen, wie dein Reich zerfällt? Oder willst du zusehen, wie Orests Bastarde deinen Thron besteigen? Es herrscht nicht mehr dein Gesetz.

Kreon stutzte. Tatsächlich, dieser Gedanke war ihm unangenehm. Orests Bastarde störten ihn. Mehr noch irritierte ihn jedoch die Vorstellung, daß irgend jemand sein Gesetz aufheben könnte.

Du würdest mein Gesetz beibehalten?

Ich wüßte kein besseres.

Und Medea, fragte Kreon.

Sie war nie meine Frau, entgegnete Jason kühl. Sie wird Kreusa akzeptieren müssen.

Kreon dachte nach. Jason war schlau und er war müde, das würde ihn dankbar machen, während Kreusa in ein paar Jahren eine fröhliche Witwe abgeben mochte. Aber Medea.

Warum sollte sie sich das gefallen lassen, fragte er.

Jason zuckte mit den Schultern. Sie ist der Kinder wegen in Sorge. Also hat sie keine Wahl.

Seltsam, wie rasch Kreon zufriedenzustellen war. Sie handelten aus, was ausgehandelt werden mußte. Wir sollten das Schloß verlassen, Kreon würde die Hochzeit vorbereiten und eine ordentliche Mitgift bereitstellen.

Seltsam auch, wie widerstandslos Medea ging. Es war noch nicht Abend, als wir unser neues Quartier bezogen hatten, einen Wagen, wie ihn fahrendes Volk benützt, ein elendes Quartier. Zorn packte mich. Du wirst im Schloß wohnen, herrschte ich Jason an. Du wirst König sein. Du weißt, daß der, der geht, immer unrecht hat, vielleicht auch die, die bleiben, wer weiß das. Bloß, was willst du ihr sagen?

Jason schob mich einfach zur Seite. Er dachte nicht daran, irgendeine Erklärung abzugeben. Er lieferte uns wie Botensendungen ab, murmelte, daß er noch zu tun habe, und ging.

Medea erwiderte nichts. Sie setzte sich auf die Stufen ihrer neuen Behausung und blickte in Richtung Schloß. Ihre Dienerin kam und wollte sie in die Arme nehmen, Medea schob sie zur Seite. Die Kinder kamen, Medea sah sie nicht. Ich dachte an die Koseworte meiner Kindheit, nicht meiner, sondern einer, die nicht mit dem Schrecklichsten beginnt, das möglich ist: mit dem Überleben, allein, ich fand keine. Der Trost floh mich, und mit ihm flohen die Worte. So wollte ich ihr Kunststücke vorspielen. In den Dörfern um Theben gab es Gaukler, die ich manchmal besucht hatte, um neue Tricks zu lernen. Nichts Besonderes, aber doch dazu geeignet, einen trüben Sinn aufzuheitern. Ich begann mit einer Vorführung, Medea sah mich nicht einmal. Also ging ich Holz sammeln, machte Feuer, holte Wasser und spielte in der Dämmerung auf meiner Flöte.

Als es dunkel war und der Nachtfrost das Land mit Kälte überzog, versuchte ich, Medea in den Wagen zu bringen. Sie weigerte sich.

Himmel, sagte ich grob. Was willst du der Welt beweisen?

Nichts, sagte sie und blieb auf den Stufen, den Blick auf den Königspalast gerichtet.

Drei Tage und drei Nächte verharrte sie in dieser Stellung. Ich weiß nicht, wo sie sich während dieser Zeit befand. Es war nur ihr Körper, der auf den Stufen saß. Sie selbst weilte irgendwo weit weg. Konnte sein, daß sie in jenen drei Tagen Zwiesprache mit ihrem Gott hielt, vielleicht erlebte sie ihr Leben noch einmal. Dann, am Morgen des vierten Tages, erhob sie sich. Die Sonne war gerade aufgegangen, und aus dem Morgennebel tauchten langsam die Bilder der Welt auf. Mit ihnen kehrte Medea zu uns zurück. Sie wusch sich, kleidete sich festlich und holte aus der Tiefe ihrer großen Truhe eine mit Silber beschlagene kleinere.

Geh zum Schloß, befahl sie mir, und bitte Kreusa, mich zu empfangen. Ich will ihr ein Geschenk bringen. Sieh zu, daß du sie allein antriffst, setzte sie nachdenklich hinzu. Weder Kreon noch Jason werden wollen, daß wir einander treffen, sie aber wird dich anhören. Erinnere sie, daß es seit jeher Brauch war, sich am Tage des Glücks vom Unglück freizukaufen. Ich habe also einen Wunsch frei. Beeile dich.

Ich lief. Ich tändelte, zögerte, ging zurück, lief danach nur umso schneller in Richtung Schloß. Der Morgentau machte meine Füße naß, die Sonne trocknete sie. Der Wind trieb mich an, hielt mich zurück. Sprach jemand zu mir, riet mir jemand? Ich versuchte die Stimmen zu erkennen, die ich zu hören vermeinte. Eine Katze kreuzte meinen Weg, ein Hund begleitete mich ein Stück, niemand sonst. Ich war allein und blieb es, bis ich Kreusa traf.

Sie stand plötzlich vor mir. Überrascht stammelte ich, was ich bestellen sollte, Medeas Bitte, die Erinnerung daran, daß jeder Glückliche den Unglücklichen etwas schulde und so fort.

Sie schien nicht überrascht, hörte mir schweigend zu, nickte und entließ mich mit einer kurzen Botschaft. In der Stunde, zu der die Schwere des Mittags in den Nachmittag übergehe, werde sie Medea in dem Hain, der den Naturgottheiten geweiht sei, treffen.

Ich begleite dich, bot ich Medea an. Geh nicht allein.

Sie berührte mich leicht an der Hand. Ja, du wirst mir bleiben, sagte sie.

Zur Stunde, in der die Schwere des Mittags in den Nachmittag übergeht, stand ich im Schatten des Heiligtums, wie immer im Schatten und wie immer als stummer Zeuge.

Ich sah zu, wie die beiden Frauen einander befangen gegenübertraten. Ja, auch Medea war befangen. Ich konnte die Gedanken in ihren Köpfen förmlich hören. Wie die eine dachte: Mein Gott, was für eine alte Frau. Es ist nicht recht, daß er sie in einem Zigeunerwagen wohnen läßt. Und die andere: Himmel, wie jung sie ist. Niemand sollte Jugend alt werden lassen vor der Zeit, ich aber werde es tun müssen.

Endlich ergriff Medea das Wort. Schwester, sagte sie, es ist ein schwerer Gang für mich.

Kreusa nickte. Du willst ihn wiederhaben, ich verstehe es. Aber ich kann ihn dir nicht zurückgeben, das liegt nicht in meiner Macht. Ein Gott hat uns zusammengeführt.

Medea schüttelte ihr langes, schwarzes, von Silberfäden durchzogenes Haar. Seltsam, dachte sie, daran glauben wohl alle Frauen, wenn die Liebe sie anrührt. Sie ist ein Wunder, und wir können nicht glauben, daß es unser eigenes sein könnte. Auch ich dachte an das Werk eines Gottes.

Laut sagte sie: Nein, ich will ihn nicht zurück. Daß Jason um dich freit, gibt mir vielleicht meine Freiheit zurück, aber es geht nicht um mich. Es geht um dich.

Er liebt mich, flüsterte Kreusa.

Jason liebt niemanden, nicht einmal sich selbst.

Er hat mich erkannt, entgegnete Kreusa. Das heißt wohl lieben.

Diese Männer, Helden, kennen niemanden, außer sich selbst, sich selber aber kennen sie nicht.

Kreusa fuhr auf. Ich bin nicht hergekommen, um mir anzuhören, wie du ihn schlecht machst. Ich habe mich entschieden. Was willst du?

Medea seufzte. Hier sind meine Geschenke: Das Hochzeitskleid, das ich tragen wollte, wenn Jason mich heiratet, oder die Wahrheit über uns alle. Wähle.

Da standen sie voreinander. Kreusa, der man eine Menge böser Dinge über Medea erzählt hatte, und ihr gegenüber Medea, die sah, wie sich ihr Leben zu wiederholen drohte. Ich hörte, wie Medea Kreusa Schwester nannte und sie beschwor, nicht blind ihr Schicksal auf sich zu nehmen. Ich hörte sie miteinander und umeinander kämpfen, hörte, wie Medea flüsterte: Sieh die Krüppelin, die ihre Freiheit nicht mehr wird gebrauchen können. Daß sie uns unterwerfen, ist unser Fluch, daß sie uns danach wieder in Freiheit entlassen, die Schamlosigkeit. Kümmere dich nicht darum, was sie sagen werden, später, die nach uns kommen, ich weiß nicht wer. Lügen, klar, es werden Lügen sein. Sie werden dich eitel und dumm nennen und mich eine Hexe, von Rachsucht zerfressen. Bleibe Kreusa und befreie uns beide.

Ich hörte, wie Kreusa allmählich ihr Herz Medea öffnete, anders, als sie es Jason geöffnet hatte. Sie streckte ihre Hände aus und ergriff die Medeens. Sie tauchte in Medeas Leben, als hätte sie es gelebt. Sie sah den Gott mit Medeas Augen, den Flüchtling, den Mann. Wie er Medea gerührt hatte in seiner Verzweiflung, als ihm auf dem Schiff während der Flucht der im Gewitter brechende Mastbaum sein Hündchen erschlug. Sie sah den kleinen Jungen, der er war, und daß er, wie die meisten kleinen Jungen, böse sein konnte. Sie sah den Liebhaber und den Betrüger, der sich an jedem rächen würde, der ihn durchschaute. Sie sah das Spiel, das man auch mit ihr spielen würde, und Medeas Tod, sinnloser Tod, und doch die einzige Erlösung vom Vater und davon, daß sie sich hatte überreden, ja wünschen lassen, seine Söhne und Töchter zu gebären.

Ich hörte Medea sagen: Ich überlasse dir mein Liebstes, ich warne dich vor meinem Liebsten. Ich zeige dir einen Himmel, der mit der Hölle bezahlt wird. Ich gebe dein Leben frei und binde es. Ich biete dir meinen Schmerz und mein Wissen an.

Ich biete dir meine Hoffnung und meine Liebe, antwortete Kreusa.

Da war wieder dieses Lächeln. Wenn Gelächter das Urteil über die Welt verkündet, so ist es das Lächeln, das sich in die Tiefe ihres Elends versenkt.

Um Jason zu sein, bedarf es Medeen, sagte Medea. Er aber wird aus jeder Frau Medea machen, so wie jeder Mann ein Jason ist.

Als das Licht des Nachmittags zu dunkeln anfing, trennten sich die Frauen. Beide wußten, daß sie einander nie mehr begegnen würden. Im Schloß angekommen, ließ Kreusa Vater und Bräutigam wissen, daß sie nicht willens sei zu heiraten. Der König kam und nannte sie launenhaft, Jason war verzweifelt. Er bestürmte, beschwor sie, er schmeichelte und bettelte, sagte, das kannst du nicht machen, aber Kreusa ließ sich nicht umstimmen. Sie hatte ihre Entscheidung gefällt. Er drohte mit seinem Selbstmord. Da bat sie ihn höflich, aber bestimmt, das Schloß zu verlassen. Schließlich rief Kreon, der nichts so sehr wie Szenen haßte, die Wachen und ließ Jason hinauswerfen.

Da stand Jason vor dem Schloß mit seiner heillosen Angst vor dem Zurückbleiben und wußte wieder einmal nicht, wohin. Die ganze Nacht irrte er umher. Nirgends ein Platz für ihn, nirgends ein Mensch, der ihn aufgenommen hätte, außer Medea, Medea, wie immer Medea, bloß, zu ihr wollte er nicht zurück.

Als die Tagesdämmerung begann, kam er doch, grau vor Müdigkeit und Verzweiflung. Am Rand der Lichtung blieb er stehen und blickte zum Wagen hin, in dem Frau und Kinder schliefen, starrte auf die erloschene Feuerstelle, auf die umherliegenden Geräte. Das also würde ab nun bis zum Ende sein Leben sein: Die zukünftige Hitze und Enge dieses Gefährtes, Himmel, einsam und verloren, endlose, ziellose Straßen und er selbst in ihnen ein verschwimmender Punkt, der allmählich zu existieren aufhörte. Was für eine Zukunft. Im fahlen Licht der Dämmerung erschien alles noch trostloser, als es ihm tagsüber immer schon vorgekommen war.

Verbittert nahm er den Hut vom Kopf, warf ihn ins Gras und starrte ihn an, um wenigstens für eine Weile an nichts anderes denken zu müssen. So stand er lang, dann dachte er an Kreon und daß die vorgeschriebene Zeit, diesen Platz zu verlassen, schon überzogen war.

Mit hängenden Schultern überquerte Jason die Wiese und öffnete die Türe des Wagens. Die Kinder schliefen tief und fest. Ihr gleichmäßiges Atmen rührte ihn für einen Moment, und er dachte an die Nächte, da er seine schlafenden Söhne mit Stolz betrachtet hatte. Er rief sich alle Pläne ins Gedächtnis, die er jemals für sie, die Söhne eines Königs, entworfen hatte, ein großes, erhabenes Schicksal. Sein Stolz bäumte sich noch einmal auf und versuchte, ihm einzureden, daß er doch keine Null war, aber Kreusa hatte ihr Urteil gesprochen. Und ebenso klar, wie er das Bild vergangener Nächte wieder sah, wußte er auch, daß sich keine wiederholen ließ und nun alles beim Teufel war.

Gerade da öffnete Medea die Augen.

Wir müssen aufbrechen, sagte Jason grob.

Ja, antwortete sie schlaftrunken und richtete sich auf.

Wir sollten schon weg sein.

Sie nickte und erhob sich. Nichts an ihren Bewegungen verriet etwas von der Müdigkeit der vergangenen Nacht und anderen Beschwernissen. Nahezu mädchenhaft leicht bewegte sie sich.

Ich glaube, du hast mich nicht verstanden, schnauzte Jason sie an. Wir müssen fort.

Ja, ja doch, entgegnete Medea. Wir werden packen.

Verblüfft betrachtete er sie. Alles schien so selbstverständlich. Sie waren hierher gekommen, sie gingen wieder. Sie hatten in einem Königspalast gewohnt, nun würde es wiederum nur dieser Wagen sein. Sie hatten von kostbarem Geschirr erlesene Gerichte gespeist, nun würden sie von Zeit zu Zeit wieder hungern.

Die Kinder erwachten und blickten den Vater an.

Bleibst du nun für immer bei uns, fragte der Kleinere. Und der Größere setzte hinzu: Ich habe ein neues Kunststück gelernt. Ich könnte damit auf den Jahrmärkten Geld verdienen. Wir werden es sparen und Land dafür kaufen. Der Narr sagt, ich wäre recht geschickt. Was meinst du?

Er war recht geschickt, und der Narr, das war ich. Der stumme Zeuge, der Wanderer durch die Jahrhunderte, das war ich. Mit angehaltenem Atem hörte ich zu. Und die Stimme begann in diesem Moment wieder zu sprechen. Ja, wenn sich alles ausleeren ließe, wenn sich alles tilgen ließe, wenn sich alles fortbringen ließe, wenn wir noch einmal alles heimbringen könnten, wie von Heimat reden, Gast, der ich immer nur war, wenn die Fremde endgültig wäre. Ja, wenn die Fremde endgültig wäre, das hatte Medea gesagt. Aber man ist, wo immer man ist, ein Element des Jetzt, der Vergangenheit, sagt die Stimme, der Zukunft, wollte ich sagen, ach, wenn sie doch alle geschwiegen hätten.

Das würdest du tun, fragte Jason. Bei sich dachte er: Das fehlte noch, daß die Leute mit Fingern auf dich zeigen, weil dich dein halbwüchsiger Sohn ernährt. Und: Wie ähnlich die Kinder Medea sind. Seltsam, daß ihnen das Schloß nicht abging.

Willst du nicht wissen, warum wir fort müssen, fragte er Medea.

Die Hochzeit ist abgesagt, antwortete sie.

Du hast es erwartet?

Ja, sagte Medea.

Da kam Jason ein furchtbarer Verdacht. Du hast mit Kreusa gesprochen?

Ja, sagte sie schlicht.

Ach, hätte sie doch geschwiegen und verstanden, daß die Wahrheit, die nicht ertragen werden kann, verderblicher ist, als es jede Waffe sein könnte. Dies war der Moment, in dem Jason begriff, wie endgültig seine Niederlage war.

Hexe, brüllte er, was hast du über mich erzählt.

Nichts, sagte Medea. Ich habe ihr mein Leben gezeigt, nicht das deine. Komm, hilf beim Packen, da wir uns beeilen sollen.

Du meinst, wir gehen gemeinsam fort. Als was willst du mich denn mitnehmen, brüllte Jason, als deinen Sklaven?

Sie war noch immer ruhig, zu ruhig. Und ruhig sprach sie weiter, ach, hätte sie doch geschwiegen. Oder gesagt: Als meinen König; als meinen Herren; als meinen unsterblich Geliebten. Irgendeine Lüge. Sie sagte: Als Gefährte auf dem Weg, der kein Weg ist.

Wie wahr, dieser Weg war kein Weg. In Jason raste der wiedererwachte Haß. Auf diesem Weg, der kein Weg war, nahm ihn Medea auf, Götter im Himmel. Und sie brach dabei nicht zusammen, sie schrie, tobte, klagte nicht. Sie ertrug. Und so nebenbei zerstörte sie mit einer leichten Handbewegung, mit ein paar Sätzen seine Zukunft. Das Leben, das ihnen drohte, würde nur ihn zerbrechen, nicht sie. Dann fiel sein Blick auf die Knaben. Wie ähnlich sie ihr sind, dachte er wiederum und voll Eifersucht. Ihr ähnlich, nicht ihm. Wie sie sie auf ihre Seite gezogen hatte. Das war es. Sie hatte noch immer die Kinder, und solange sie sie an ihrer Seite wußte, war sie nicht allein gelassen, nicht verstoßen, nicht in der gleichen grauenhaften Einsamkeit wie er.

Ich konnte die Knaben nicht schützen. Auch Medea vermochte nicht einzugreifen. Zu schnell lag das Messer in Jasons Hand, zu schnell führte er es gegen die überraschten Kinder. Ein kaum hörbares Seufzen war alles, was sie von sich gaben.

Voll Ekel warf er danach die Waffe Medea vor die Füße, voll Ekel über ein Leben, das sich so leicht zerstören ließ. Nun pack zusammen, sagte er. Nun sind wir endlich gleich. Du und ich auf die gleiche Art elend. Du und ich auf die gleiche Art vor dem Nichts, das zu viel ist, um ein Nichts zu sein. Damit ging er.

Kein Wort darüber, was in Medea vorging. Ihre Augen waren dunkle, große geöffnete Wunden, durch die die Bilder der Welt als Verletzung eindrangen. Jedes Bild ein Schmerz. Jeder Vogelflug eine weitere Verwundung, jeder Grashalm ein Schlag, jede Blume ein Dolchstoß.

Es dauerte nicht lang, da kam Kreons Polizei. Am Horizont entschwand gerade die Silhouette des davonreitenden Jason. Die Polizisten waren gekommen, um die Fremden abzuschieben, sahen die toten Kinder, das blutige Messer zu Medeas Füßen und verhafteten sie.

Der Rest ist rasch erzählt. Es kam kein Wagen, der sie entführte und in Sicherheit brachte. Man machte ihr den Prozeß, obwohl Kreon klar war, daß der Täter Jason hieß. Jason als Märtyrer, Medea als Hexe – diese Bilder waren dem König dienlicher.

Medea verteidigte sich nicht, sie sprach während all der Wochen des Prozesses kein Wort. Am Schluß wollte das Volk sie als Hexe brennen sehen, aber das war gegen das Gesetz. Immerhin entstammte sie einer Königsfamilie. Eine öffentliche Hinrichtung anderer Art kam nicht in Frage, die Leute hätten statt Medeen den Palast angezündet. So ließ Kreon, der auch jetzt noch, in seinem tiefsten Elend, das Gesetz gegen die Gesetzlosigkeit des Aufruhrs im Volk verteidigte, sie in ihrer Zelle erwürgen. Den Leuten erzählte man, sie habe sich, von Schuldgefühlen geplagt, erhängt.

Auf eine Fahndung nach Jason verzichtete Kreon, das hätte zu viele Fragen aufgeworfen.

Auf meine Bitten hin übergab man mir Medeas Leichnam. Ich bestattete sie mit allen vier Elementen: mit Erde, mit dem Feuer der Erinnerung, mit dem Wind, der unsere Erinnerungen fortträgt, und mit Tränen.

Danach verließ ich das Jahrhundert Medeas und kehrte hierher zurück, noch immer in das Jahrhundert Medeas.

Nachwort der Herausgeberinnen

„Mit Würde und Feuer“ – dieser Ausdruck von Colette erklärt in seinem Pathos und seiner Ernsthaftigkeit, aber auch in der ihm innewohnenden Leidenschaft, was wir suchten, als wir uns um die schriftliche Darstellung von Frauenbeziehungen bemühten. Leicht war es nicht, Schriftstellerinnen dazu zu bewegen, über diese größtenteils noch unbenannte, unbekannte Zone menschlicher Begegnungen zu schreiben, die zwischen Frauen stattfinden.

Jenseits des Konkurrenzkampfes um den Mann und der gesellschaftlichen Macht, die dieser repräsentiert (denn in vielen Fällen geht es Frauen in ihrer Orientierung auf den Mann weniger um das Subjekt selbst als um die Macht, die dieses Subjekt „Mann“ innehat, die Macht, die über ihn zu erlangen ist, und sei es auch nur in Form einer materiellen Absicherung), eine Annäherung zu leben, sich den unterschiedlichen Lebensmöglichkeiten auszuliefern, die die Begegnung Frau-Frau birgt, ist von Ängsten, Abwehr, Abwertung ebenso geprägt wie von Liebe, aber auch Harmoniesucht, Perfektionismus und der Illusion, in einem von der Gesellschaft wenig beachteten und definierten Randbereich, nämlich der Nähe mit der anderen Frau, Kämpfe um Abgrenzung hinter sich lassen zu können.

In lesbischen Beziehungen werden diese Gratwanderungen in der Liebesbeziehung selbst ausgetragen, in Beziehungen von heterosexuellen Frauen zueinander finden sie in der sozial gesehen harmloseren Variante des verbalen Austausches ihren Niederschlag, in der freundschaftlichen Annäherung oder der Mutter-Tochter-Beziehung, die mit ihrem latenten Begehren ohne inzestuöse Wünsche nicht auskommt.

Dacia Maraini läßt fünf sehr verschiedenartige Freundinnen

im regelmäßigen Gespräch zusammentreffen, in dem die Frauen einander vertrauen und sich vom jeweiligen Stand ihres Liebeslebens bis zum schmerzhaften Thema des Mißbrauches in der Kindheit alles mitteilen und in Respekt teilen können.

Barbara Neuwirth und Marianne Gruber stellen den Aspekt der Solidarität und der gegenseitigen Unterstützung, die auch außerhalb von Freundschaftsbindungen oder kaum bekannten Frauen gegenüber unabdingbar wäre, in den Mittelpunkt. Bei Barbara Neuwirth geschieht das in einem oszillierenden Spiel mit dem Alter-ego-Motiv, das hinübergleitet in das Bild der fremden Frau, die aber Unterstützung und Stärkung bedeutet.

Marianne Gruber verändert den Medea-Mythos dahingehend, daß Medea und Kreusa sich solidarisieren.

Shere Hite räumt in ihrer knappen Darstellung eines von beiden Eltern wenig beachteten Kindes mit dem Mythos der fürsorglichen Mutter und ihres in allem bedürftigen Nachwuchses auf. Die kindliche Stimme ist in ihrer lakonischen Selbstbehauptung erwachsener, als wir erwarten mögen, sie ist der eigenen, vom Leben geschüttelten Mutter gegenüber fairer, als es die Gesellschaft zu sein vermag, ist kritisierend, aber liebevoll, scharf beobachtend und voll neidlosen Begehrens angesichts der Schönheit des mütterlichen Körpers.

Jutta Heinrich verbindet in ihrem Text das sehnsuchtsvolle Verhältnis zur Mutter, die in der Kühle der großbürgerlichen Welt in schwer erreichbarer innerer Distanz lebt, mit den Gefühlsstürmen, die das mütterliche Klavierspiel auslöst. Die Musik wird zum Symbol und zur Trägerin einer nicht gelebten Liebe zwischen Mutter und Tochter.

Traude Bührmann beschreibt eine sinnliche, bewundernde Beziehung zur Schwester, deren Schönheit und Lebendigkeit erotische Wünsche auslöst.

In Anna Rheinsbergs Text liebt ein Mädchen seine Großmutter, eine wilde unangepaßte Frau, will teilhaben an ihrer geheimnisvollen Welt jenseits der Herkömmlichkeit, an ihren Selbstgesprächen und wird mit Heftigkeit, aber auch mit Liebe in ihre Grenzen verwiesen.

Yoko Tawada schreibt über die Sehnsucht, von einer allmächtigen Frau völlig vereinnahmt zu werden, und kleidet diese in die Gestalt der Krankenschwester, deren Gewalt sie sich vorbehaltlos ausliefert. Der durch die Hilfeleistung unvermeidbare Sadismus der Krankenschwester, der von der Kranken in der mutwilligen Suche nach Zuwendung ausgeübte Terror, werden in dieser surrealen Erzählung thematisiert.

Im großen Teil der Texte über Liebesbeziehungen zwischen Frauen werden auch deren vielfältige Qualitäten gestreift.

Nicole Brossard schreibt einen eher programmatisch-theoretischen Text, der die lesbische Frau als Besonderheit, als Frau, die Welten bewegen und Realitäten verändern kann, darstellt. Der Text bietet eine dringend notwendige positive Utopie der lesbischen Frau an, und will vielleicht auch Orientierungspunkt sein.

Leslea Newman geht witzig und frech vor und läßt ihre Protagonistin in einer Szenebar alle Facetten eines offensiven Flirts erleben, der sie in Versuchung führt, die Treue zur langjährigen Lebenspartnerin zu vergessen. Das Motiv des Schwankens zwischen Vertrauen und Liebe und dem neuen erotischen Reiz wird zugunsten der Treue gelöst.

Verena Stefan beschreibt eine Beziehung an ihrem Ende. Die Partnerinnen haben sich innerlich voneinander entfernt, und die Frage der Sinnhaftigkeit des Sich-umeinander-Bemühens taucht auf.

Die Unbeständigkeit von Liebesgefühlen, das Schwanken des Begehrens und seine Situationsgebundenheit, das jegliches Bemühen einer längeren Bindung Lügen straft, werden von Geneviève Pastre inszeniert. Die Wünsche und Begierden des Ichs flottieren zwischen verschiedenen Frauen, gegen Ende der Erzählung genügt die flüchtige Erscheinung einer Fremden auf der Straße, um die Sehnsucht wieder in Fluß zu bringen.

Die erste Liebesnacht mit einer Frau in Hélène de Monferrands Erzählung findet in einer Ausnahmesituation, auf der Flucht aus dem von den Deutschen besetzten Frankreich, statt. Das lesbische „Coming-out" der Ich-Erzählerin macht diese nur vordergründig zum Kuriosum einer strenggläubigen, aristokratischen Familie. Der Text setzt klar den Akzent auf die Normalität, die die Erzählerin für sich in Anspruch nimmt, Frauenliebe als eine von vielen Beziehungsformen, die auch dort gelebt werden kann, wo gesellschaftliche Normen am striktesten sind und die damit zur Legitimation für jüngere Generationen wird.

Karin Ricks Thema sind Macht und Ohnmacht in der Liebe und im Begehren zu Frauen, Furcht vor der Kommunikation von Gefühlen. Ein Konzert, ein gesellschaftliches Event also, vereinigt vier Frauen, die in sehr unterschiedlichen Positionen zur Ich-Erzählerin stehen und diese an die eigenen Grenzen des Handelns gemahnen. Wie in einem Feuerwerk leuchten die verschiedensten Möglichkeiten und Parameter der Begegnung, Liebe, Freundschaft, Eifersucht, Angst vor Kontrollverlust auf und verpuffen, noch bevor sie nach außen dringen können. Nähe ist nur durch Blicke und sparsamste Gesten möglich.

Ein paar Minuten, genau jene, die die Lesenden miterleben dürfen, kristallisieren die Qualität dieses Kontaktes und geben Auskunft über die damit verbundenen Träume von Vollkommenheit, Geborgenheit, Unterwerfung, Stärke. Sie zeigen das Zaudern des Ichs, Grenzen zu sprengen, seine Unfähigkeit, sich mitzuteilen, die Sehnsucht nach Nähe auszuleben oder manchmal auch einfach das Gegenteil von alledem. Es kommt zwischen den Protagonistinnen zu einem intensiven Austausch, oft nur sekundenlang, oft nur in einer sehr genauen Beobachtung der anderen, durch das Sich-Einfühlen in deren Wirklichkeit.

Die Frauen in diesen Texten erscheinen in den uns allen wohlbekannten Repräsentationsformen des Weiblichen: die Mutter, Schwester, Großmutter, die Krankenschwester, die Frau in Verkleidung, die Fremde mit der ihr eigenen Erotik, die Geliebte, Freundin, Konkurrentin, die Ratgeberin, die Rächerin, die Flirtende.

Mögen sich die LeserInnen hineinwagen in diese Vielfalt zwischen Frauen und somit auch hineinwagen in die Vielfalt der Texte, die alle Klischees hinter sich lassen, und angeregt werden von der Intensität, dem Witz, der Fröhlichkeit, der Besinnlichkeit, der Frechheit, der Perfidie, der Wehmut, der Trauer, der Hoffnung, dem Eigensinn und der Visionen, die in diesem Buch zu finden sind. Angeregt, weitere Beziehungsformen unter Frauen zu entdecken, aufzuspüren, zu sehen und zu verwirklichen. Und unser Motto sei auch der – anspruchsvolle – Nachsatz: Die Entdeckung geschehe *mit Würde und Feuer*.

Die Autorinnen und Herausgeberinnen

Nicole Brossard, franko-kanadische Schriftstellerin. Geboren 1943 in Montreal, Kanada. Sie unterrichtet an der Universität von Montreal und Quebec Literatur und Pädagogik. Sie schreibt Gedichte, Essays und Romane. Beschäftigt sich mit feministischer Philosophie und Ecriture Feminine.

Mehrere Romane, davon ins Deutsche übersetzt:

Die malvenfarbene Wüste. Roman. Frauenoffensive 1989.

Traude Bührmann, deutsche Schriftstellerin. Geboren 1942 in Essen.

Berlin: NEBENWIDERSPRUCH Sommeruni LESBIAN PRIDE Frauenzeitung COURAGE und TANGO FEMINISTA Buch GENMANIPULATION UND RETORTENBABY/Vorträge mit Christiane Erlemann DIE ÄTNA-LA VULCANA Diavision CREATIVE WRITING bei Audre Lorde Leben.Kultur.Etage ARAQUIN mit Michi Ermert + Bettina Schäfer FANCLUB der „Verschwörung der Balkis" von Monique Wittig Erzählung STEINALT/Ton-Text-Dia-Koposition zur Megalithkultur mit Karin Breithaupt Künstlerische SISTERPROJEKTS mit Ursula Bierther + Roswitha Baumeister + Barbara Waldow + Renate Hampke in PELZE multiMedia Experimentierraum LADIES ONLY, materielle Grundlage: jeder Antrag ein Gedicht WORTGEBRÄUCHE /Reflexionen mit Verena Stefan Montreal: 13 blättriges Kalenderjahr AHORNBLÄTTER/FEUILLES D'ERABLES für Suzette Triton Berlin: DIE STAUBSTRASSE NACH MATALA und andere Erzählungen LA GRANDE ROUE Lichtbildprojektionen auf 50 zu öffnenden Jahren.

Von einer Sprache in die andere: Le Desert Mauve von Nicole Brossard/DIE MALVENFARBENE WÜSTE Une Lettre Rouge Orange et Ocre von Anne-Marie Alonzo/DER UNGESCHRIEBENE BRIEF.

Marianne Gruber, österreichische Schriftstellerin. Geboren 1944 in Wien, studierte Klavier, Medizin und Psychologie, ist verheiratet und hat zwei Kinder. Zahlreiche Literaturstipendien und -preise, auch im Bereich der Kinder- und Jugendliteratur.

Die gläserne Kugel. Roman. Styria 1984.

Protokolle der Angst. Erzählungen. Niederösterreichisches Pressehaus 1984.

Zwischenstation. Roman. Edition S 1986.

Der Tod des Regenpfeifers. Erzählungen. Fischer-Taschenbuchverlag 1991.

Windstille. Roman. Edition S 1991.

Esra's abenteuerliche Reise auf dem blauen Planeten. Jugend und Volk 1992.

Zahlreiche Beiträge in literarischen Anthologien.

Jutta Heinrich, deutsche Schriftstellerin. Geboren 1940 in Berlin, wuchs als älteste von fünf Töchtern in einer durch künstlerische Interessen geprägten Familie auf. Nach dem Schulabschluß Arbeit in verschiedenen Berufen und Branchen, so als Sekretärin, Vertreterin, Imbißinhaberin, Betriebsleiterin in der väterlichen Furnier- und Sperrholzfabrik, Arbeiterin. 1972 Nachholen des Abiturs und Studium der Sozialpädagogik an der Fachhochschule Hamburg. Ab 1975 noch Literaturwissenschaften und Germanistik.

Das Geschlecht der Gedanken. Roman. Fischer-Taschenbuchverlag 1988.

Mit meinem Mörder Zeit bin ich allein. Fischer-Taschenbuchverlag 1987.

Alles ist Körper. Extreme Texte. Fischer-Taschenbuchverlag 1991.

Theaterstücke:

Männerdämmerung. Lustspiel. Hartmann Verlag 1990

Vermächtnis des Körpers. Monolog.

Die Macht des Kopfkissens.

Drüben ist hier. Eine real existierende Farce.
Zahlreiche Beiträge in literarischen Anthologien.

Shere Hite, amerikanische Schriftstellerin. Geboren 1942 in St. Joseph, Missouri. Sie ist eine bekannte Historikerin und Kultursoziologin. Ihre Studien zur weiblichen und männlichen Sexualität (Hite Reports) wurden in 30 Sprachen übersetzt und erzielten weltweit Millionenauflagen. Shere Hite ist Mitglied zahlreicher kultureller und wissenschaftlicher Gremien, u. a. der American Association for the Advancement of Science, der American Historical Assiciation und der Society for Women in Philosophy. Sie ist verheiratet und lebt vorwiegend in Paris.

Das sexuelle Erleben der Frau. Gondrom Verlag 1989.
Hite Report. Das sexuelle Erleben des Mannes. Gondrom Verlag 1989.
Hite Report. Das sexuelle Leben der Frau. Neuauflage, Goldmann Verlag 1990.
Hite Report. Die sexuellen Vorlieben und Praktiken des Mannes. Neuauflage, Goldmann Verlag 1990.
Frauen und Liebe. Der neue Hite Report. Neuauflage, Goldmann Verlag 1991.
Fliegen mit Jupiter. Roman. Ullstein Verlag 1993.

Dacia Maraini, italienische Schriftstellerin. Geboren 1936 in Florenz als Tochter eines bekannten Orientalisten. War im II. Weltkrieg in Japan. Studierte in Florenz, Palermo, Rom. Redakteurin in Rom, 1955 Mitarbeit bei Alberto Moravias Zeitschrift „Nuovi Argomenti". Ihre Romane sind größtenteils linksengagierte Kritik der bürgerlichen Kulturgesellschaft, mit ihren Komödien lieferte sie einen Beitrag zur Politisierung des Theaters.

Memorie di una ladra. 1973.
L'eta del malessere. 1983
Isolina. 1985.

Il bambino Alberto. 1986 (Interview mit Alberto Moravia, deutsch 1990).
La lunga vita di Marianna Ucria. 1990.
Bagheria. 1993.

Hélène de Monferrand, französische Schriftstellerin. Geboren 1947. 1990 erregte sie als Newcomerin der französischen Literaturszene mit ihrem Romandebut *Les amies d'Héloise* Aufsehen. Sie erhielt den „Prix Goncourt du premier roman". Das Werk ist ein Briefroman, der für die „Gefährlichen Liebschaften" dieses ausgehenden 20. Jahrhunderts stehen könnte, allerdings „au féminin", denn in diesem Buch geht es um Frauenliebe: Intrigen, Freuden, Gefahren, Spiel der Verführung und des Zufalls, Leidenschaft, aber auch Komplizentum, Freundschaft, Solidarität unter Frauen – ein weibliches Universum wird geschaffen.

1991 schrieb de Monferrand ihren nächsten Roman *Le journal de Suzanne*, das Tagebuch einer der Hauptpersonen von *Les amies d'Héloise*, um das Netz ihrer Frauenbeziehungen dichter und weiter zu spinnen.

Barbara Neuwirth, österreichische Schriftstellerin. Geboren 1958 in Eggenburg/Niederösterreich. Studium der Ethnologie in Wien. Feministische Verlegerin und Herausgeberin der wissenschaftlichen Buchreihe „Reihe Frauenforschung" im Wiener Frauenverlag. Herausgeberin literarischer Anthologien (u. a. eines Sammelbands mit Vampirgeschichten von Frauen, *Blaß sei mein Gesicht*, Wien 1988) und eines wissenschaftlichen Buches zum Thema „Frauen, die sich keine Kinder wünschen. Eine liebevolle Annäherung an die Kinderlosigkeit." Schreibt phantastische Erzählungen.
In den Gärten der Nacht. Phantastische Erzählungen. Suhrkamp Verlag 1990.
Dunkler Fluß des Lebens. Erzählungen. Insel Verlag 1992.

Leslea Newman, amerikanische Schrifstellerin. Geboren 1956 in Brooklyn, New York. Lebt nun in Northhampton, Massachusetts. Schreibt Gedichte und Prosa, gründete „Write from the heart", eine Vereinigung für schreibende Frauen. Autorin zahlreicher englischsprachiger Erzählbände, auch Herausgeberinnentätigkeit.

Geneviève Pastre, französische Schriftstellerin. Literaturwissenschafterin, Lyrikerin und Verlegerin, Aktivistin der französischen Lesbenbewegung.

Prosa:
Trilogie *L'Espace du souffle*. Edition Christian Bourgeois 1977.
Octavie ou la deuxième mort du Minotaure. coll. Les Octaviennes 1985.
Fulvie ou le voyage à Delphes. coll. Les Octaviennes 1985.
Lyrik:
Pierre éclatée. ed. Saint-Germain des Prés, coll. Miroir oblique 1972.
Fleur dans le ventre vert. ed. Millas-Martin, 1973.
Préludes pour un largo. Bibliophilie, coll. Les Octaviennes 1988
Estampes. coll. Les Octaviennes 1993
Espaces aléatoires. coll. Les Octaviennes 1993
Essais:
De l'amour lesbien. (ed. Pierre Horay 1980) Auf deutsch erschienen im SiSy Verlag, Berlin 1984
Athènes et „le péril sapphique". coll. Les Octaviennes 1987.
Le nouveau manuel d'orthographe. Traité esthethique.

Anna Rheinsberg, deutsche Schriftstellerin. Geboren 1956 in Berlin. Verschiedene Schulen, Studium der Germanistik und Volkskunde in Marburg. Lyrik- und Prosaarbeiten, essayistische Arbeiten, Literaturkritik, Arbeiten über Dichterinnen v. a. der 20er und 30er Jahre.

Marlene in den Gassen. Gedichte. Kellner Verlag 1979.
Bella Donna. Gedichte. Kellner Verlag 1981.
Hannah. Liebesgeschichten. Kellner Verlag 1982.
Alles Trutschen. Geschichten über Mädchen. Medea Verlag 1983.
Annakonda. Gedichte. Kellner Verlag 1985/86.
Marthe und Ruth. Erzählungen. Luchterhand Literaturverlag 1987.
Herzlos. Kerlsgeschichten. Luchterhand Literaturverlag 1988.
Kriegs/Läufe. Namen. Schrift. Über Emmy Hennings, Claire Goll und Else Rüthel. Essays. Persona Verlag 1989.
Narcisse Noir. Gedichte. Kellner Verlag 1990.
In Vorbereitung *Shanghai-Erster Klasse. Prosa.* Kellner Verlag 1994.
Herausgeberin mehrerer Bücher, Filmemacherin. Anna Rheinsberg lebt in Marburg.

Karin Rick, österreichische Schriftstellerin. 1955 in Wien geboren, Studium der Publizistik und Kunstgeschichte, DolmetscherInnen- und ÜbersetzerInnenausbildung.
1980–1985 Lehrauftrag an der Universität Nancy, Frankreich;
Herausgeberin von:
Das Sexuelle, die Frauen und die Kunst, Konkursbuch 20. Verlag Claudia Gehrke, Tübingen 1987.
Frauen – Gewalt – Pornographie, gemeinsam mit Sylvia Treudl. Wiener Frauenverlag 1989.
Autorin von:
Böse Spiele. Roman. Wiener Frauenverlag 1991.
Sex, Sehnsucht und Sirenen. Erotische Kurzgeschichten. Verlag Claudia Gehrke 1991.
Côte d'Azur. Zwei Frauen – eine Liebesgeschichte. Wiener Frauenverlag 1993.

Übersetzung von *Das Buch von Promethea.* Von Hélène Cixous. Wiener Frauenverlag 1989.

Verena Stefan, deutsche Schriftstellerin. Geboren 1947 in Bern. Vor Berlin in der Schweiz, im Berndeutschen gelebt, nach Berlin auf dem Land. Jetzt auf der Schwäbischen Alb.

Seit 1977 freie Schriftstellerin und Rezensentin.

Häutungen. Frauenoffensive 1975.

Mit Füssen und Flügeln Frauenoffensive 1980.

Wortgetreu ich träume. Geschichten und Geschichte. Arche Verlag 1987

Es ist reich gewesen. Bericht vom Sterben meiner Mutter. Fischer-Taschenbuchverlag 1993.

Übersetzung von:

Lesbische Völker. Ein Wörterbuch. Von Monique Wittig und Sande Zeig. Frauenoffensive 1983.

Der Traum einer gemeinsamen Sprache. Von Adrienne Rich. Frauenoffensive 1982.

Yoko Tawada, deutsch-japanische Schriftstellerin. Geboren 1960 in Tokyo. Seit 1982 lebt sie in Hamburg. Studium der Literaturwissenschaft in Tokyo und Hamburg.

Nur da wo du bist ist nichts. Gedichte und Prosa. Konkursbuch Verlag Claudia Gehrke 1987.

Das Bad. Ein Kurzroman. Konkursbuch Verlag Claudia Gehrke 1989.

Wo Europa anfängt. Gedichte und Prosa. Konkursbuch Verlag Claudia Gehrke 1991.

Sanninkankei. Droschl Verlag 1992.

Das Fremde aus der Dose. Essays. Droschl Verlag 1992.

Immukoiri. Erzählungen. Droschl Verlag 1993.

Ein Gast. Roman. Konkursbuch Verlag Claudia Gehrke. Erscheint Herbst 1993.

Diana Voigt, österreichische Verlegerin. Geboren 1960 in

Wien. Studium der Germanistik. Feministische Verlegerin im Wiener Frauenverlag. Herausgeberin (gemeinsam mit Hilde Jawad) des Buches „Von Frau zu Frau. Feministische Ansätze in Theorie und Praxis psychotherapeutischer Schulen" (Reihe Frauenforschung Band 17).